主　　编：张清华　金晓哲

副主编：刘志聪

著　　者：张清华　刘志聪　吴　坚　闫雪怡

　　　　　金晓哲　代琛莹　钟　军　王铁松

　　　　　高　宁　牛秀普

地名与城市标识
提升路径探索

Diming Yu Chengshi Biaozhi Tisheng Lujing Tansuo

张清华　金晓哲　　主编

张清华　刘志聪 等　著

人民出版社

责任编辑：邵永忠

封面设计：胡欣欣

责任校对：吕　飞

图书在版编目（CIP）数据

地名与城市标识提升路径探索/张清华 等 主编．—北京：人民出版社，2018.12

ISBN 978 - 7 - 01 - 020219 - 8

Ⅰ．①地…　Ⅱ．①张…　Ⅲ．①地名—研究—秦皇岛　②城市—标识—研究—秦皇岛

Ⅳ．①K922.23

中国版本图书馆 CIP 数据核字（2018）第 287845 号

地名与城市标识提升路径探索

DIMING YU CHENGSHI BIAOZHI TISHENG LUJING TANSUO

张清华　金晓哲　主编

张清华　刘志聪　等 著

人 民 出 版 社 出版发行

（100706　北京市东城区隆福寺街 99 号）

北京中科印刷有限公司印刷　新华书店经销

2018 年 12 月第 1 版　2018 年 12 月北京第 1 次印刷

开本：880 毫米×1230 毫米 1/16　印张：8.25

字数：130 千字

ISBN 978 - 7 - 01 - 020219 - 8　定价：52.00 元

邮购地址　100706　北京市东城区隆福寺街 99 号

人民东方图书销售中心　电话（010）65250042　65289539

　　地名是地理实体的名称，也有人认为地名是一定地域的名称。地名的首要作用是指示位置，是为了甲地区别于乙地。人们在长期的地名命名和使用过程中形成的价值观念、审美倾向、命名习惯等与地名语词本身形成了特有的文化——地名文化。地名由于自身的稳定性，保留了一些历史时期的语言痕迹，成为语言发展的活化石。同时，地名层积承载了丰富的历史文化信息，成为地域文化的一个显著符号，并成为地域文化的有机组成部分。

　　近年来，地名的文化属性日益受到重视。人们对地名规划反映地名文化的要求和期望越来越高。地名规划中地名的层次化、序列化越来越明显，地名对文化的承载能力不断提高。总体来说，地名规划工作在理论和实践层面都有了长足的发展，对推进地名标准化发挥了重要作用。但有一个不能忽视的现实是，地名规划和城市规划配合不够、互动不足，导致城市中地名体系的作用没有充分发挥。通常在讲城市规划和地名规划关系的时候强调的是"皮之不存，毛将焉附"，换言之，强调的是"皮"对"毛"的决定作用，而忽略了"毛"对"皮"的反作用，即地名在塑造和表达城市空间方面对城市规划的推动作用。城市规划要营造的空间不仅有物质的，还有精神的。地名在这一方面亦能够发挥更大的作用。比如，在城市规划中贯通性的主干道考虑用统一的专名来命名，服务营造大尺度"无障碍"空间，考虑到地址编码的实际需要，可以用方位词来分段。地名规划工作应该与城市规划工作统筹兼顾，做到"该连则连，当断则断"，以此来服务和体现城市规划物质空间的组织。在城市规划中设计的一些严整的、等级相似的平行道路，通过用序列化命名的方式体现和强化城市空间等。在精神空间组织上，把城市道路网络作为集中展示地域文化和城市共同想象的"博古架"，通过分析、对比来优选一部分地名，成为地域文化展示的点睛之笔。同时借助成体系的地名完成"二次文化"创造，实现地域文化与民众直接、日常的互动，服务于城市精神空间的塑造。总之，地名不仅可以被动地表达空间，更能在主动地塑造空间方面发挥积极作用。

　　2018 年 4 月，秦皇岛市政府邀请民政部地名研究所开展"秦皇岛市建成区地名及标志标识提升项目"，项目分为三部分，其中之一是"地名与城市标识系统现状调查与对策建议"。我们在完成这个子项目的时候，一方面将近年来日益发展的地名规划理论运用其中，另一方面，努力尝试将地名与城市规划更深层次地结合。鉴于目前将交通标志、旅游标志和地名标志作为整体城市标识的相关研究很少，在研究过程中，我们以地名的视角来审视城市标识中交通标志、旅游标志和地名标志，由此产生了新的发现。以地名的角度来观察，城市标识基本可以分为两类，一类是包含地名信息的，一类是不包含地名信息的，而且前者居多。从这种意义来讲，城市标识作用的本质是地名信息的有效表达和空间应用，并以此实现空间指位、文化展示和渠化交通。地名信息的有效表达，依赖于两个方面：一是单体标志信息的准确和版面设计的规范；二是标志设置相互位置最优，形成有效的地名信息链。基于这种认识，我们在尊重交通标志、旅游标志和地名标志等领域的国家、行业相关标准和规范的前提下，对地名信息的有效表达展开了相关研究。2018 年 6 月，作为前期成果，项目组分两批针对 70 多个典型节点的城市标识分别提出了尽快改、统筹改和完善改的对策建议，据此建议秦皇岛市相关部门对 400 多处城市标识进行了整改，有力地推动了城市标识规范化。

成果地名部分的内容可以分为两个方面，一是命名方式、地名采词、通名和修饰词的研究、分析，本质上是对存量地名及其使用习惯的分析和把握。未来地名体系的发展，必须建立在存量地名和地名使用习惯的基础上，才能实现地名体系的地域化，使之可衔接、易使用，这一部分强调的是地名本身的自洽；二是地名对城市资源导入、地名位置与文化资源空间匹配度、地名与文化资源级别匹配度的分析，以及地名特色与城市形象、地名景观与城市功能、通名等级与城市路网、地名体系与城市发展等地名与城市规划契合度的分析，这一部分强调的是地名体系与城市规划、城市空间之间的互洽。成果城市标识部分在调研基础上分析了现状，指出了存在的问题和根源，提出了提升完善的路径、目标和应该遵循的原则，做出了三条代表性路线标志设计的意象示意，在以城市标识表达标准地名、标示城市空间，以标准地名服务城市标识的路径方面进行了探索。在成果的建议部分，提出了顶层设计上成立地名委员会、专家咨询委员会，制定地名管理办法、城市标识管理办法，制定地名管理实施细则的"221 总体布局"政策建议和若干技术建议。

研究成果是多人合作的结果。张清华作为项目主持人，负责设定课题框架、拟订每部分内容撰写大纲、参与讨论提出具体修改意见，并完成政策建议撰写及统稿工作；刘志聪负责撰写地名部分第六章至第十章，并承担协助统稿和协调出版工作；吴坚、钟军负责撰写地名部分第三章至第五章，吴坚负责通篇图表整饰，在课题开展过程中承担实地调研的组织、联络和调研成果汇总工作；金晓哲参与课题框架制定并和代琛莹完成城市标识部分撰写，吴坚、刘志聪对此部分内容、图件进行了修改；闫雪怡、牛秀普撰写地名部分第一章，闫雪怡协助最终统稿工作；钟军、高宁撰写地名部分第二章；王铁松执笔技术建议部分并制作部分图件，并在课题开展过程中协助吴坚承担组织工作。

地名对城市空间塑造和表达作用的研究是一个大课题，地名与其他学科融合也是一个大课题，让地名更好地服务社会发展更是一个大课题。我们对地名与城市标识提升路径的探索只是触摸到了大象的尾巴，甚至可能连尾巴都没有触摸到。我们将思考和努力展示出来，希望能起到抛砖引玉的作用，还请大家不吝赐教。

项目实施过程中，得到了秦皇岛市委、市政府的大力支持，得到了秦皇岛市民政局等部门的通力配合，孙继胜、孙志升等多位专家提出了宝贵建议，在此一并表示感谢。

著　者

2018 年 8 月

地名部分   001

标识部分　　067

建议部分　103

地名部分

第一章　研究区域概况

　　研究区域位于河北省东北部，秦皇岛市东部沿海地区，范围涉及的行政区区域为秦皇岛市海港区、山海关区、北戴河区，包含秦皇岛经济技术开发区和北戴河新区在内。研究区域南临渤海，北倚燕山，地理位置优越。该区域属暖温带半湿润大陆性气候，温和舒适，冬季较长，春、秋、夏季较短。又因属于中国东部沿海季风环流区，受海洋的调节，具有多风、湿度大、雨量适中、气候宜人的海洋性气候特点。

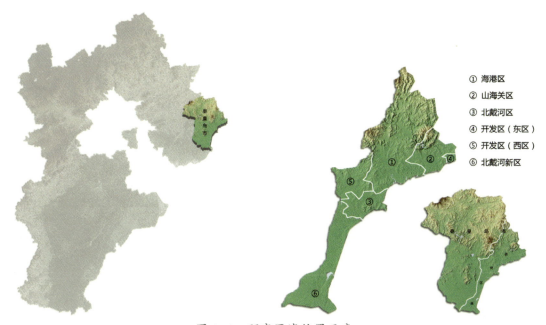

① 海港区
② 山海关区
③ 北戴河区
④ 开发区（东区）
⑤ 开发区（西区）
⑥ 北戴河新区

图 1-1　研究区域位置示意

　　海港区位于秦皇岛市区中部，是秦皇岛市政治、经济、文化的中心，总面积 713 平方千米①，辖 13 个街道、8 个镇。海港区地处秦皇岛市东南部，东毗历史文化名城山海关，西连避暑胜地北戴河。距首都北京 280 千米，是北京、山西、河北等省、市和东北地区重要的出海口。京沈、京秦、大秦、京哈四条铁路干线在海港区交会，京沈高速公路和 102 国道、205 国道穿

---

　　① 数据来源于《中华人民共和国行政区划简册·2018》。

区而过。辖区有年吞吐量超亿吨的能源输出港——秦皇岛港。辖区土地总面积204.72平方千米，海岸线长20.97千米。

秦皇岛经济技术开发区（简称"开发区"）是1984年经国务院批准设立的全国首批、河北省首个国家级经济技术开发区。地处正在迅速崛起的渤海湾沿岸经济带中心位置，毗邻京津，联结华北和东北两大经济区，区位优势明显，陆海空交通体系完备，总规划控制面积128平方千米，常住人口约11.6万。开发区分东、西两区，东区位于万里长城的起点山海关老龙头东侧，西区紧邻著名避暑胜地北戴河。

山海关区位于秦皇岛市辖区东北部，面积193平方千米，辖5个街道、3个镇、1个乡。位于燕山余脉，地势北高南低，中部丘陵起伏，沙河、石河南流入渤海。山海关交通发达，地处京沈高速公路的咽喉，又是京山、沈山铁路的重要枢纽。

北戴河区在市境西南部，地名来源于戴河之滨的一个小村庄，因地处戴河以北，故名北戴河。面积155平方千米，辖2个街道、3个镇。东、南临渤海，西隔戴河口与抚宁区相望，北部地势平坦，戴河水从西联峰山脚下缓缓流过，注入大海，境内的联峰山，山峦突起，群峰相连。

北戴河新区东北临戴河，西南接滦河，西起京哈铁路和沿海高速公路，东至渤海海域，面积425.8平方千米，海岸线长82千米。北戴河新区生态优美，环境宜人，拥有沙细滩缓、水清潮平的黄金海岸，22万亩茂密葱郁的森林湿地，12条蜿蜒入海的河流，8平方千米华北最大的七里海潟湖，绵延20千米、高达45米的天然沙坝，形成世界罕见的海洋大漠风光，被誉为"中国最美八大海岸之一"。

第二章　地名命名可用重要文化资源综述

　　秦皇岛历史悠久，资源丰厚，有夷齐让国、秦皇求仙等历史掌故，有秦行宫遗址、孟姜女庙、山海关古城等人文遗迹，有山、林、湖、海等自然风光。这些历史典故和不同历史时期形成的历史人文、自然地理景观构成了秦皇岛地名命名可用的重要文化资源。

　　地名作为一种文化现象，是语言、历史、地理、民俗等不同层面文化信息的综合反映。在地名命名时，一般都要与当地的人文历史、自然地理等现有文化资源实现一定程度的契合，如秦皇岛建成区的"秦皇""老龙头""角山""长寿山"等文化资源用于道路名称。本章从历史和地理两个方面对秦皇岛重要文化资源进行解读，为今后地名命名提供借鉴和参考。

一、历史人文类

（一）古　迹

1. 山海关古城

　　山海关始建于明洪武十四年（1381 年），当时大将军徐达因此地大山北峙，巨海南浸，高岭东环，石河西绕，便在此修建长城雄关——山海关，素有"两京锁钥无双地，万里长城第一关"之称。山海关是明长城三大名关之首，1961 年被列为全国重点文物保护单位。

　　山海关古城主要指关城和东罗城。关城平面呈四方形，有四个城门，东称"镇东"，西称"迎恩"，南称"望洋"，北称"威远"。东门即为"天下第一关"，保存最为完整。"天下第一关"匾额，相传为明成化八年（1472 年）进士萧显所写。在"天下第一关"镇东楼南北有牧营楼和临闾楼两座建筑。两楼均建于明代万历十二年（1584 年），1986 年复建。东罗城系山海关关城的前卫城，是关城城防的重要组成部分，始建于明万历十一年（1583 年），翌年竣工。建城用砖多模印"万历十二年真定营造""万历十二年滦州造"等 11 种铭文，文物专家认为价值非常高。

2. 老龙头

老龙头位于秦皇岛市山海关古城南5千米处，是明长城的入海处。长城自关城蜿蜒南下，入海处似龙首高昂，故名。始建于明洪武年间，与整个长城一样，为全国重点文物保护单位。

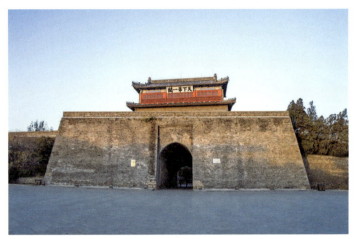

图 2-1　天下第一关

老龙头由入海石城、靖卤台、南海口关、澄海楼、宁海城等组成。明万历七年（1579年），蓟镇总兵戚继光修筑了七丈入海石城，以巨石为基，巍然屹立，犹如巨龙之头伸入海中酣饮。1987年，在原遗址的巨石基础上进行修复。靖卤台，全称靖卤一号台，明嘉靖四十四年（1565年）主事孙应元建，隆庆四年（1570年）戚继光改名靖卤台，1986—1987年复建。南海口关，始建于明洪武十四年（1381年），是海陆防御系统的重要关隘，也是明长城在滨海设置的唯一关口。

图 2-2　老龙头

1986年在南海口关墙基基础上修复。有"长城连海水连天，人上飞楼百尺巅"之称的澄海楼是老龙头的制高点，是观海胜地。其前身为明代修建的观海亭，具体始建年代不详。明万历三十九年（1611年），山海关兵部主事王致中在观海亭旧址上建澄海楼。清光绪二十六年（1900年）被八国联军焚毁。1985年，重新修复澄海楼。

3. 孟姜女庙

孟姜女庙又名贞女祠，位于秦皇岛市山海关区东约6千米处的望夫石村。相传始建于宋以前，自明代历经重建、修葺，是为祭祀孟姜女而建。1956年，孟姜女庙被列为河北省文物保护单位。

孟姜女庙建于凤凰山巅，登石阶108级可达庙内。庙内有前后两殿，前殿匾额上有著名的楹联"海水朝朝朝朝朝朝朝落，浮云长长长长长长长消"。殿内泥塑孟姜女像，两侧壁上镶有碑刻，其中有乾隆帝、嘉庆帝、道光帝题词。殿后有石，刻"望夫石"三字，石间脚印传为孟姜女登石望夫足迹。石旁有六角小亭，名"振衣亭"，为孟姜女梳妆更衣处。庙东南4千米渤海中有两块礁石突出海面，高者似碑，低者如坟，传为孟姜女坟。民国《临榆县志》载："姜女坟四周皆水，微露顶。而冬水稍涸，又冰滑不可登，惟飞雁翔集其上。"此为榆关二十四景之一的"姜坟雁阵"。

4. 秦行宫遗址

秦行宫遗址位于秦皇岛市北戴河区金山嘴一带。1984年，秦皇岛碣石学术研究会开始在此进行田野考古。1986—1991年，河北省文物研究所组织考古专家对秦行宫遗址进行挖掘，发现了四大组14个单元的宫殿建筑基址、窖穴、井、水管道、灶等。遗物有瓦当、水管、井圈、盆、鉴、甑等。在发掘过程中，有关部门曾于1986年7月和1987年11月召开科学论证会，鉴定为秦始皇东巡渤海时的行宫遗址，和山海关外绥中县墙子里发现的秦行宫是一个整体，是秦始皇建于东海国门两旁的重要纪念性建筑。

秦行宫遗址的发现，被国家文物局列为第七个五年计划期间全国"十大考古发现"之一，国务院于1996年公布秦行宫遗址为全国重点文物保护单位。

5. 秦皇求仙入海处

秦皇求仙入海处位于秦皇岛市海港区东南部。秦皇岛古属碣石地域，因秦始皇东巡驻跸于此而得名。据《史记·秦始皇本纪》记载，秦始皇于公元前215年东巡碣石，先后派卢生、韩终、侯公、石生等方士入海求仙，寻求长生不老药。明宪宗成化十三年（1477年），立"秦皇求仙入海处"石碑一座，碑毁于1966年。现碑为赵朴初先生题字，1992年依旧制重树。

6. 板厂峪明长城

板厂峪明长城位于秦皇岛市海港区驻操营镇板厂峪村。始建于明洪武十四年（1381年），隆庆五年（1571年）重修。板厂峪长城地势险要，建筑雄伟，敌楼星罗棋布，最高敌楼修建在800多米高的山顶上。

板厂峪明长城砖窑遗址是目前国内发现数量最多、最集中，保存现状最完整、文物遗存最为丰富的一处大型长城砖窑群遗址。经专家检测，这些出土青砖的大小同长城上的青砖一模一样，是在明隆庆、万历年间烧制的，至今已有 400 多年历史。

（二）历史名人

1. 伯夷、叔齐

伯夷、叔齐是商时期北方诸侯国孤竹国（今秦皇岛时属孤竹国）第九世君墨胎氏的长子和三子。《史记·伯夷列传》载："伯夷、叔齐，孤竹君之二子也。父欲立叔齐。及父卒，叔齐让伯夷。伯夷曰：'父命也。'遂逃去。叔齐亦不肯立而逃之。"记录了伯夷、叔齐互让君位的事迹，后武王伐纣的时候，以仁义叩马而谏。等到天下宗周之后，又耻食周粟，采薇而食，作歌明志，于是饿死在首阳山上。

伯夷、叔齐仁义让国、叩马谏伐等事迹，历代传颂不已。孔子称赞伯夷、叔齐为"古之贤人"。孟子赞曰"圣之清者也"。韩愈《伯夷颂》称"昭乎日月不足为明；崒乎泰山不足为高；巍乎天地不足为容也"。这种贤德为重、礼义为先的品格，被称为"孤竹遗风""夷齐清风"。

2. 嬴　政

嬴政又名赵正（政）、秦政，是中国历史上第一个大一统王朝——秦王朝的开国皇帝，自称"始皇帝"。公元前 247 年，继承秦王之位。公元前 238 年，在雍城蕲年宫举行冠礼，镇压叛乱，真正掌握大权。公元前 230 年，秦灭韩，拉开了统一六国的序幕，至公元前 221 年，齐国灭亡，嬴政完成了统一中国大业，建立了中国历史上第一个统一的、多民族的、专制主义中央集权制国家。始皇三十二年（前 215 年），秦始皇东巡碣石，刻《碣石门辞》，并派燕人卢生入海求仙，曾驻跸于此。正是这次巡游，使秦皇岛市成为中国唯一以帝王帝号命名的城市。

3. 徐　达

徐达，字天德，安徽凤阳人，明代开国功臣。22 岁参加元末农民起义，为朱元璋部将。朱元璋正式即帝位，封他为右丞相、魏国公。明洪武十四年（1381 年），徐达"发燕山等卫屯兵一万五千一百人，依山阻海筑长城及修永平、界岭等三十二关"。从此山海关成了京东锁钥的军事重镇，这一带长城固若金汤，保卫了人民生产生活的安定。明洪武十七年（1384 年）二月，徐达逝世，追封为中山王，谥武宁。

明景泰五年（1454 年），为表彰徐达的功绩，明廷敕令在山海关城内立庙祭祀，庙名"显功庙"，由内阁大学士商辂撰《显功庙记》，勒石立碑。

4. 戚继光

戚继光，字元敬，号南塘，明代爱国将领，军事家。出身将门，明嘉靖二十三年（1544年），时年 17 岁，继承祖上的职位，任登州卫指挥佥事。21 岁奉调戍守蓟门，25 岁，升任都指挥佥事，负责山东御倭兵事。嘉靖三十四年（1555 年）调任浙江，防倭、抗倭，后调福建、广东，率"戚家军"南征北战，荡平东南沿海倭寇。隆庆元年（1567 年）十二月，任神机营副将，总理练兵及海防。在长城沿线（自昌平西至山海关南海）增筑空心敌台 1017 座；修筑老龙头入海石城；要隘地方修筑长城复线，增筑烽墩，使 1200 华里长的国防线面貌改观。

戚继光镇守蓟镇 16 年，长城内外很少战事，各兄弟民族和睦相处。明万历十五年（1587 年）十二月十二日病逝。

5. 朱启钤

朱启钤，字桂辛，号蠖公，政治家、古建筑学家。1871 年生于河南信阳，1964 年卒于北京。他的一生几乎长达一个世纪，历经清朝末年、民国、中华人民共和国等历史时期。

1903 年任京师大学堂译书馆监督。后因徐世昌举荐受袁世凯重用，曾任北洋政府交通总长、内务总长、代理国务总理。1916 年因拥护帝制而遭通缉来到北戴河海滨，后自己设计建造了一座别墅并取名"蠖天小筑"。1918 年在北戴河海滨发起创办"北戴河海滨公益会"，行使地方行政权；开通西经、东经、金山嘴、鹰角等道路；建成了莲花石公园，修缮了古刹观音寺，将联峰山、金山嘴、鸽子窝和近海沙滩列为风景保护区等。朱启钤组织和主持对北戴河海滨的开发与建设，使海滨由昔日之渔户乡村变为初具规模的避暑胜地。朱启钤视北戴河为第二故乡，于 1928 年建朱家茔地，结构布局仿西洋和湖南长沙一带墓地式样，由其自行设计并监建。

6. 李大钊

李大钊，字守常，无产阶级革命家、中国共产党的主要创始人之一。1889 年生于河北乐亭。1907 年考入天津北洋法政专门学校，1913 年毕业后，入东京早稻田大学政治本科学习。

秦皇岛昌黎县五峰山是李大钊从事革命活动的重要地方。1918 年夏，他在此潜心研究俄国十月革命的资料，思索中国革命的出路问题；1919 年夏，李大钊在此写出了与胡适论战的"寄自昌黎五峰"的公开信《再论问题与主义》和介绍马克思学说的长篇论著《我的马克思主义观》，为中国共产党的创建奠定了深厚的思想和理论基础。在多次游览和山居五峰山的过程中，写出了《游碣石山杂记》《五峰山记》等游记和《山中即景》《山峰》《山中落雨》等山景诗。

（三）名人诗词

1. 曹操《观沧海》

建安十二年（公元 207 年），曹操北征乌桓，胜利班师，途经碣石，赋诗《观沧海》：

> 东临碣石，以观沧海。
>
> 水何澹澹，山岛竦峙。
>
> 树木丛生，百草丰茂。
>
> 秋风萧瑟，洪波涌起。
>
> 日月之行，若出其中。
>
> 星汉灿烂，若出其里。
>
> 幸甚至哉，歌以咏志。

2. 李世民《春日观海》

贞观十九年（公元 645 年），唐太宗李世民东征高丽，途经碣石作诗《春日观海》：

> 披襟眺沧海，凭轼玩春芳。
>
> 积流横地纪，疏派引天潢。
>
> 仙气凝三岭，和风扇八荒。
>
> 拂潮云布色，穿浪日舒光。
>
> 照岸花分彩，迷云雁断行。
>
> 怀卑运深广，持满守灵长。
>
> 有形非易测，无源讵可量。
>
> 洪涛经变野，翠岛屡出桑。
>
> 芝罘思汉帝，碣石想秦皇。
>
> 霓裳非本意，端拱且图王。

3. 高适《燕歌行》

唐代著名诗人高适随军东征途经碣石，曾触景生情，留下描述边塞长诗《燕歌行》：

> 汉家烟尘在东北，汉将辞家破残贼。
>
> 男儿本自重横行，天子非常赐颜色。
>
> 拟金伐鼓下榆关，旌旆逶迤碣石间。
>
> 校尉羽书飞瀚海，单于猎火照狼山。

山川萧条极边土，胡骑凭陵杂风雨。

战士军前半死生，美人帐下犹歌舞。

……

君不见沙场征战苦，至今犹忆李将军。

4. 纳兰性德《长相思·山一程》

康熙二十一年（1682年），清著名词人纳兰性德随康熙帝东巡，途中驻扎山海关，写下了《长相思·山一程》：

山一程，水一程，身向榆关^①那畔行，夜深千帐灯。

风一更，雪一更，聒碎乡心梦不成，故园无此声。

5. 顾炎武《望夫石》

威远台前春草萋，望夫冈畔夜乌啼。

九枝白日扶桑上，万垒苍山大海西。

国事只凭三寸舌，老谋终惜一丸泥。

愁心欲共春贞女，目断天涯路转迷。

6. 毛泽东《浪淘沙·北戴河》

1954年夏毛泽东到北戴河，在此作《浪淘沙·北戴河》：

大雨落幽燕，白浪滔天，秦皇岛外打鱼船。

一片汪洋都不见，知向谁边？

往事越千年，魏武挥鞭，东临碣石有遗篇。

萧瑟秋风今又是，换了人间。

二、自然地理类

（一）联峰山

联峰山位于北戴河区西南部，因群山连贯而得名，又因峰峦秀体，状似莲蓬，名"莲蓬山"。1919年，朱启钤及其所领导的"公益会"在东联峰上建立莲花石公园，徐世昌为公园落

---

① 即今山海关。

成题诗留字。后在原有基础上开辟为北戴河海滨最大的山林景区公园——联峰山公园。

联峰山有东联峰山、中联峰山、西联峰山之分。最高峰为东联峰山，海拔 153 米，是北戴河的制高点。山顶建有望海亭，登亭远眺，北戴河海滨的秀丽风光尽收眼底。山腰密林之中，有怪石林立，如莲花盛开，中间有一块形体浑圆、状如莲实的巨石，称"莲花石"。莲花石北、东联峰山山腰，有一观音寺，为明代古迹，系省级文物保护单位。其始建于明末清初。清乾隆六十年（1795 年）重修此寺。后几经修复。西联峰山山石峭立，峰峦如屏。在主峰的东麓，有两块相对矗立的巨石，宛若二人头对头，嘴对嘴，在窃窃私语，故称"对语石"。

（二）长寿山

长寿山位于山海关区东北部大约 9 千米处，因山上有大量的"寿"字书法而得名。1987 年在原悬阳洞景点的基础上开发和建设而成。

长寿山有悬阳洞、寿字碑林等景观。悬阳洞又名"长城石窟"，它深藏于黄牛山中，为花岗岩岩洞。此洞系天然洞穴，高 13 米、宽 14 米，进深 37 米，俨然一座威武的大厅。洞内石壁上镌有历代游

图 2-3　寿字碑林

人留下的碑刻，年代大多为明、清两代，其中，有一碑碣为明万历三十年（1602 年）山海路守备朱洪范题写的《悬阳洞诗》。洞内石壁上还塑有释迦牟尼及十八罗汉彩塑像。洞内左侧上方有一穴，顺石磴数十级可通，阳光自石隙直照穴内，犹如日光悬照，故名悬阳洞。但自山顶寻之，则不见穿隙透光处，实为奇景。穿穴见一洞，上刻"胜境"二字。洞顶滴水有声，上曰"天井"，下称"地盆"。悬阳洞之奇就在于洞中有洞，洞外有洞，洞顶有穴。寿字碑林怪石林立，其上镌刻着大小不一、字体各异的"寿"字。这些"寿"字，均模仿不同朝代书法名家的笔迹。

（三）角　山

角山位于秦皇岛市山海关区北部，燕山东端。山顶巨石如龙首戴角，故名。是万里长城从东部海中向北绵延所跨越的第一座山峰，有"万里长城第一山"之称。

角山长城是明朝辽东镇和蓟镇两座军事重镇的界线，建有敌台、战台 5 座，关隘 1 座。山

麓有角山关，是明朝大将军徐达修筑长城在此设立的关隘。坐落在山腰的栖贤寺，始建于明初，是明清时期萧显、詹荣等文人雅士读书隐居之所。角山后峰名"围春山"，萧显从福建辞官归田后，在这里建起草堂，名"围春山庄"，他便在这里优游终生。

山中有榆关二十四景中的两景，其一是"瑞莲捧日"，民国《临榆县志》载："角山顶将晓，俯见海中日出，红云四拥，恍如莲座，日升则座沉关"。其二是"山寺雨晴"，民国《临榆县志》载："角山寺云雾聚散不时，或半山间大雨，其上晴明，若别有一天。"

（四）石河

石河，古名"渝水"，是秦皇岛市区内最大河流。石河形成于一亿年前的燕山造山运动之前，源于义院口长城以外，流经燕山南部山脉的高山深谷之间，注入渤海。

中华人民共和国成立前，石河水空流入海，夏季山洪暴发，给两岸人们带来灾难。1971年筑坝，横锁二郎山口，拦石河成石河水库。1979年，石河水库一度作为旅游景

图 2-4　燕塞湖

点开放，称"燕塞湖"。燕塞湖，湖光秀丽多姿，湖身狭长曲折，峡谷长湖峰回路转，湖面清水荡漾在层峦叠嶂之间，湖堤两岸多奇峰怪石，两岸美景，多不胜收，洞山剑峰、神女浴日、杏林春晓、仙人竖指等十八处胜景，素有北方"小桂林""小三峡"之美称。

（五）鹰角公园

鹰角公园又名"鸽子窝公园"，位于秦皇岛市北戴河海滨东北端。公园内傍海悬崖有一块高约20米的巨石，兀立岸边，峭壁如削，状似雄鹰屹立，名"鹰角石"，公园由此得名。鹰角石裂罅纵横，常有野鸽栖居上面，故又名"鸽子窝"。

图 2-5　鹰角亭

1937 年，在与鹰角石比肩而立的西崖顶上建鹰角亭，现亭上悬挂匾额"鹰角亭"系胡厥文书。登亭可近观海涛，远眺海港码头，晴日黎明可观日出，有"红日浴海"奇景。1954 年，毛泽东曾在此观海，并写下《浪淘沙·北戴河》。现公园塑有毛泽东站立像，并有大理石卧碑 1 座，上面镌刻着《浪淘沙·北戴河》全文。接鹰角亭，沿西北走向，是一座两端分别由四角亭和敞亭连接的望海长廊，于 1985 年建成。

（六）老虎石

老虎石位于秦皇岛市北戴河区南部，海滨中部沙滩。这里有一片大小不一、形态各异的花岗石礁石，状若群虎盘踞，故名。登石面海，水天一色，可观潮涨潮落、云起云飞的美景，可看海浪撞击礁石、卷起"千堆雪"的壮观。

（七）金山嘴

金山嘴位于秦皇岛市北戴河区海滨最东端，是联峰山余脉。因其直插入海，形似鸟嘴，故名。民国年间《北戴河海滨志略》形容之为"一峰压水，三面晴波"。

海边有巨石成天然石门，名南天门。东有岩体入海，宜垂钓，名钓鱼台。其西曾有灯楼、教堂、海神庙。自古以来，这里多次出现"金山海市"的奇景，即在金山嘴出现海市蜃楼奇景。早在四百多年前，就有记载。明嘉靖年间兵部尚书翟鹏作《联峰海市》诗"山头隐隐见楼台，万状千形顷刻开，出入人踪离汉远，淡淡树影倚云栽。宫高星斗檐前挂，帘卷虹霓扃外堆。闲云登临消半日，浑如身世上蓬莱"。二百年之后，清代诗人王朴亦有幸见到海市，留下了与之同名的《联峰海市》诗。在 20 世纪 60 年代，也曾先后两次出现"金山海市"奇景，这是北戴河海滨最为别具一格的景观。

参考文献

[1]（清）高锡畴等纂，高凌霨等重修：《临榆县志》，成文出版社 1968 年影印。

[2]秦皇岛市地方志编纂委员会主编：《秦皇岛市志》，天津人民出版社 1994 年版。

[3]秦皇岛市人民政府地方志办公室主编：《秦皇岛市志》，方志出版社 2009 年版。

[4]秦皇岛市海港区地名办公室主编：《海港区地名志》，河北科学技术出版社 1993 年版。

[5]秦皇岛市北戴河区地方志编纂委员会主编：《北戴河志》，天津人民出版社 1994 年版。

[6]秦皇岛市山海关区地方志编纂委员会主编：《山海关志》，天津人民出版社 1994 年版。

[7] 秦皇岛市海港区地方志编纂委员会主编：《秦皇岛市海港区志》，方志出版社 2009 年版。

[8] 抚宁县地名办公室主编：《抚宁县地名志》，西安地图出版社 1996 年版。

[9] 孙继胜主编：《解密秦皇岛》，方志出版社 2008 年版。

[10] 孙继胜主编：《北戴河老照片》，香港文汇出版社 2014 年版。

[11] 孙志升著编：《天开海岳秦皇岛》，中央文献出版社 2009 年版。

第三章　道路和桥梁地名命名及采词分析

一、统计分析对象及缘由

　　本部分的资料主要来源于项目组目前掌握的秦皇岛市建成区地名普查所收集到的道路和桥梁地名。统计分析对象是由语词组成的地名，因此在分析统计中去除了以代号命名，没有语词意义的国道、省道，以及高速公路连接线等非城区街路巷名称，在有代表性但缺少资料的区域，项目组通过实地调研并以社会上公开的地图为补充，掌握了较为真实的数据。

　　需要说明的是，海港区、山海关区和北戴河区三区道路地名是长期发展的结果，是多年历史的积淀，命名方式和采词纷繁复杂；而开发区和北戴河新区道路地名是较短时间内开发建设的结果，是集中命名的产物，命名方式和采词相对单一。除贯穿性等级较高的道路沿用原有地名外，开发区西区采用东西走向道路以国内江河命名，南北走向道路以国内山脉命名，开发区东区则是以国内城市地名来命名。北戴河新区命名方式和采词相对丰富，采取了美好祈愿采词和道路连接两地各取一字等方式来命名。特别值得指出的是，北戴河新区道路命名方式受北戴河道路名称影响，出现专名加序数词的成组地名，如前程一路、前程二路，锦绣一路、锦绣二路，这在别的地方不多见。将这些数量较多、命名方式和采词相对单一的地名纳入统计范围，将会干扰分析结果，带来假象。因此秦皇岛开发区和北戴河新区道路地名没有列入统计，不做定量研究，只做定性分析。

　　本部分统计分析涉及的地名数量为：海港区（不包括开发区西区）街路巷地名 82 条、桥梁地名 50 条，山海关区（不包括开发区东区）街路巷地名 58 条、桥梁地名 27 条，北戴河区（不包括北戴河新区）街路巷地名 78 条、桥梁地名 10 条，建成区共有街路巷地名 218 条、桥梁地名 87 条。

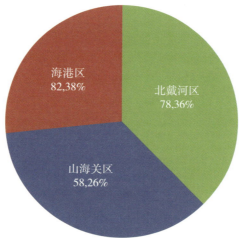

图 3-1　各区道路地名数量及百分比

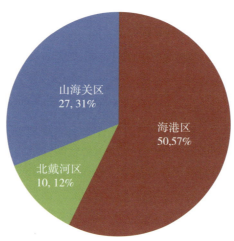

图 3-2　各区桥梁地名数量及百分比

　　命名方式分析是对地名语词表述特征进行分析，在综合分析命名意图后得出其命名方式。采词分析是根据标准地名所使用的核心词汇，当标准地名中仅有一个词汇时，如"长城大街"，其中"长城"即为核心词汇。对于标准地名有两个及以上词汇来说，需要认定其核心词汇，如"关城东路"的核心采词就是"关城"，方位词是作为辅助修饰词。核心采词的判断可以确定道路在命名时首要采用的词汇，这对分析区域内道路命名特点、形式，并指导今后地名在命名方式和采词上更加完备和准确，对于更充分、均衡地利用地名命名资源，全面反映地域文化特点，具有重要作用和现实意义。

二、地名命名方式分析

（一）道路地名命名方式分析

经过对已有资料中道路名称梳理分析，根据道路本身名称的特点和得名方式，将道路的命名方式归纳为以下8种类型：

1. "借用"。即使用已有的地理实体或聚落名称命名道路。

2. "相对位置"。即根据道路与其他实体的相对位置关系命名，在命名时可采取其他实体的通名加方位、或直接使用方位词命名。

3. "延伸"。已有道路延长后，使用原有道路名称和方位词命名。

4. "道路特点"。根据道路的自身结构、环境、路型等特点进行命名。

5. "连接地"。取道路连接两地的名称中各一个文字进行命名。

6. "寓意"。使用美好意愿、历史文化或纪念性的词汇来命名道路。

7. "纪念"。使用一些事件或人物的名称命名道路，以表达纪念。

8. "排列"。将一个区域内多条走向、等级相似的道路采用一样的核心词汇与序数词、方位词或其他修饰词组合后命名。

秦皇岛建成区各类道路命名方式数量如图3-3：

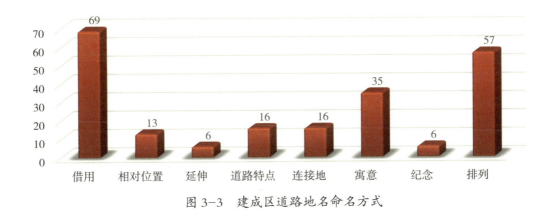

图3-3　建成区道路地名命名方式

为了更加细致地表现三个区域在选择命名方式上的差异性，现将三个区的道路命名方式以对比的方式展示，如图3-4。可以看出各区在命名时的习惯存在明显差异，山海关区根据相对位置命名的道路名称较多，如关城东路、关城南路、关城西路、关城北路、南关大街、西关大街等。以山海关古城作为城区中心，很多主要道路在命名时都围绕古城进行命名，而根据道路特点和道路连接地进行命名的相对较少。

单一命名方式使用数量最多的是北戴河区采取的排列方式，排列方式在使用对象上都是一个区域内等级一样的道路，一般采取按数字、方位词来命名。道路采用排列方式命名时，均采用了核心词加数字或方位的命名方式，如"海 × 路""保 × 路""安 × 路"均采用数字排序，"草厂 × 路""× 海滩路"采用的是方位词排序，这种命名方式强化了道路的区域属性，也比较容易记忆和找寻。北戴河区习惯使用排列方式命名道路，这与民国时期就采用排列方式来命名道路的习惯有关，是地域性命名方式的继承。

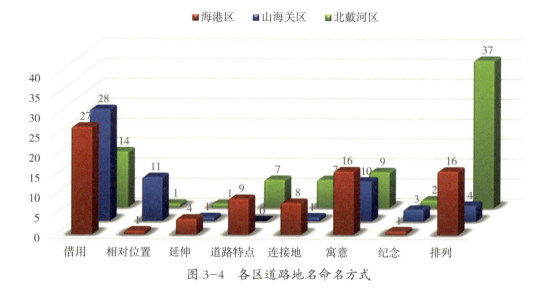

图 3-4　各区道路地名命名方式

海港区也较多采用排列方式命名道路，与北戴河区不同的是，海港区使用排列命名时倾向于使用核心词与修饰词组合的方式，如为突出区域秦文化元素而命名的一系列街、路，如秦安街、秦昌路、秦川街、秦福路、秦祥街、秦新路、秦云街，还有"文"字开头的一些路名。这些道路名称虽然有比较明显的特征，在城区大尺度范围使用时方向性比较明显，但是因为系列地名在采词上比较相近，降低了地名的指代性，在实际进入道路系统内部后容易产生混淆。因此在使用排列方式命名道路名称时，最好采取序数词和方位词来修饰核心词，既突出区域采词特征，又突出单条道路的特征，增强了地名的指代性，便于记忆和找寻。

（二）桥梁地名命名方式分析

桥梁不会出现延伸的情况，因此没有对该命名方式进行统计，各类命名方式数量统计如图 3-5。从统计柱状图中可以看出，桥梁的命名方式主要为借用，即采用桥梁所在聚落、道路、所跨实体的名称等，在此基础上添加方位等修饰词组成桥梁名称，各区桥梁命名方式统计结果如图 3-6。

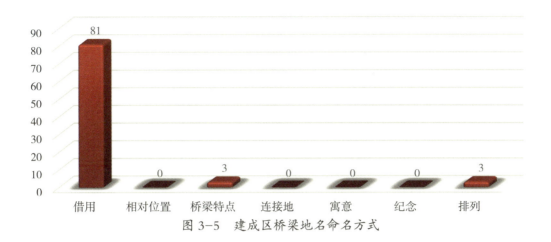

图 3-5　建成区桥梁地名命名方式

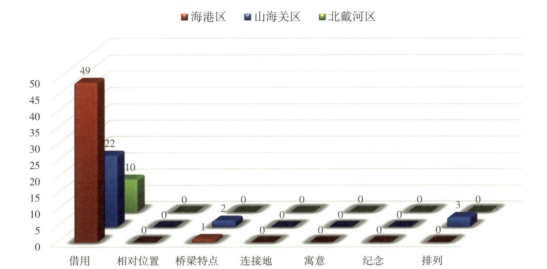

图 3-6　各区桥梁地名命名方式

三、地名采词分析

（一）道路地名采词分析

通过对所有道路地名核心采词进行分析，梳理出秦皇岛建城区道路名称采用的 11 大类词汇：自然地理实体名称、渤海、历史人文地理实体名称、经济地理实体、海港、聚落名、秦元素、形容词、事件、人物、方位词。需要说明的是，"渤海"作为自然地理实体的一种，对本地命名影响较大，所以单独作为一类采词词汇，建成区各采词类型分布数量如图 3-7 所示。

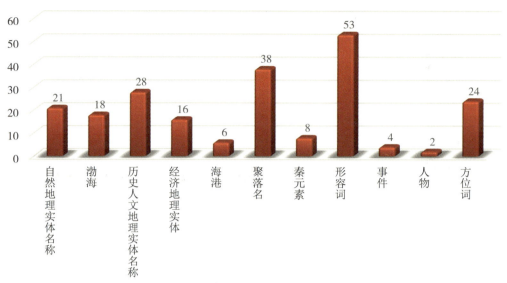

图 3-7　建成区道路地名采词分析

为了区分各区在采词上的差异及特点，将道路采词情况统计数据按各区分别对比展示，如图 3-8 所示。

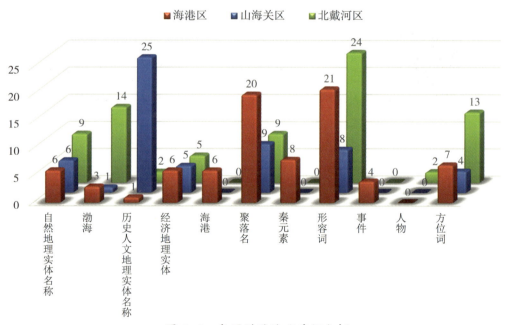

图 3-8　各区道路地名采词分析

从图 3-8 中可以看出，各区在命名采词上有着比较明显的差异。海港区的道路在采词中相对较多地使用海港、聚落名、秦元素、事件等词汇，尤其海港和秦元素是该区特有的元素；而事件类如八一、建国、建设等词汇的使用也与其行政中心的地位相匹配；还有一些根据城镇或农村聚落来命名的路名，比较多见于新建的村路，此外海港区还较多使用了形容词进行命名，如光明、晨砻、富新等词汇来表达美好意愿。山海关区的道路在命名时比较倾向于使用各类历史人文地理实体的名称，这是因为山海关既继续使用原有街路的老地名，又在新建道路的名称采词上较多地使用历史遗迹名称，这种采词选择明显突出了地域特色，比较有代表性的就是与山海关古城有关，带有"关"字系列的道路，如图3-9所示[①]。

图3-9　山海关古城系列路名

北戴河区道路在命名时较多地使用与"渤海"相关的词汇，如"海""海宁""海滩"，并结合序数词和方位词形成了聚落区域滨海的位置特征；北戴河区使用形容词命名时，除了使用常用的朝阳、复兴、平安等词汇外，还使用安、保、金和序数词一起组成地名，尤其"安""保"是民国时期警察局修建道路后采用的命名语词，具有很强的组团特征和时代特征；此外，北戴河区的道路名称中还有两条以人名命名的道路，分别是剑秋路和乐峰路；北戴河区也较多采用方位词命名道路，并采用序数排序的方式强化区片性，这种采词方式在民国时期就已出现，如"西一路""西二路"等，后来的"草厂"系列道路、"北一路""北二路""北三路"的命名在采词上也采取此种方式，形成了地区特色。但因为核心词只使用方位词，如"北""西"，相对比较简单，在今后命名采词中可以更加丰富核心采词。北戴河区规模比较大的特色系列道路位置如图3-10所示[②]。

---

① 遥感影像图来源于天地图。
② 遥感影像图来源于天地图。

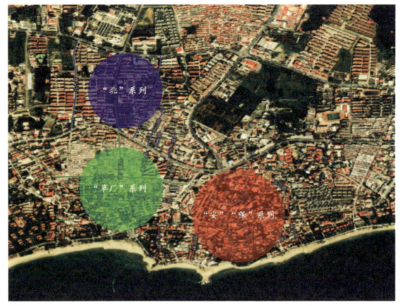

图 3-10　北戴河区特色系列路名

（二）桥梁地名采词分析

桥梁名称采词数量统计如图 3-11。为了展示命名类型，比照道路采词类型将所有采词均进行统计。桥梁名称在命名方式上以借用为主，因此其名称在采词上只有五个方面，并且集中在聚落名称上，这是因为很多小型桥梁建在某个聚落附近后直接用该聚落命名。自然地理实体名称和经济地理实体名称也各占一部分，其中自然地理实体主要是跨河流的桥梁以河流名称命名，经济地理实体主要是所在或所跨道路、铁路的桥梁，直接使用所在或所跨道路、铁路名称，这种采词方式符合桥梁实际为道路一部分的特点。

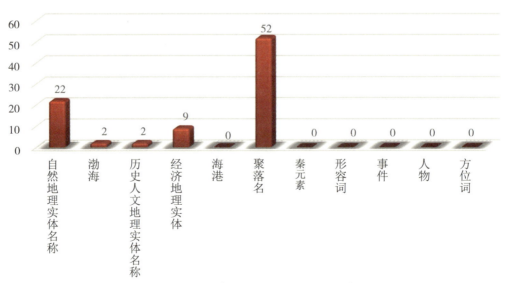

图 3-11　建成区桥梁地名采词分析

建成区内各区桥梁采词统计如图 3-12 所示，各区在名称采词上的差异主要源于桥梁所在不同位置造成的。

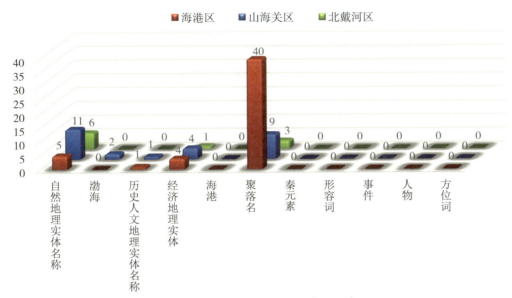

图 3-12　各区桥梁地名采词分析

第四章　道路和桥梁命名年代统计及分析

一、依据及分析方式

为了保证整体分析体量和框架的一致性，本部分分析对象与命名和采词方式分析部分一致，以道路和桥梁名称得名时间为准，因为得名时间更能直接反映地名命名与当时社会发展的关联性。有两点需要说明，一是现在使用的地名以核心名称命名来源时间为准，如山海关区的"鼓楼南大街"，原称"东大街"，2005年才更名为现名，但是"东大街"这一名称在明洪武年间建城时就已得名，因此统计时间以明朝为准；二是有些道路命名的具体时间难以考证，便以建设时间作为统计依据。考虑到中华人民共和国成立后的道路命名时间与建设时间基本同步或相差较小，中华人民共和国成立前按朝代统计，中华人民共和国成立后按每10年为一单元进行统计。

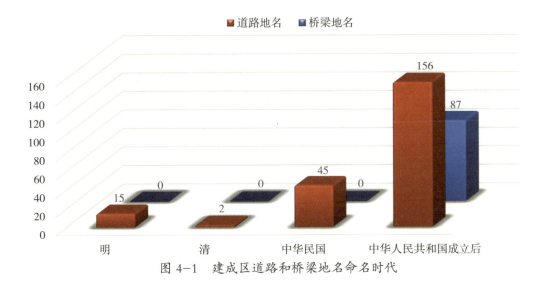

图4-1　建成区道路和桥梁地名命名时代

从图4-1中可以看出，在统计的街路和桥梁地名中，桥梁的命名时代均在中华人民共和国成立后，其中海港区50条桥梁地名中最早出现在1985年，山海关区27条桥梁地名中最早出现在

1978 年，北戴河区 10 条桥梁地名中最早出现在 1954 年，后文将对道路地名和桥梁分别进行统计。

二、地名产生时代统计

从统计图表中可以看出，秦皇岛建成区现在使用的道路名称主要产生于中华人民共和国成立以后，最早出现在明朝，明以后各个朝代均有新出现的道路名称（因为统计资料来源于普查资料中现今还在使用的地名，很多历史地名的资料暂时缺失，造成了一些历史道路名称未出现在上述统计中）。在图 4-2 的分区统计中，仅山海关区有明清时期的道路，这与山海关古城始建于明初有关，伴随古城修建出现了很多至今仍在使用的道路名称。北戴河区产生于民国时期的道路地名数量明显多于其他两个区，这是因为北戴河区城区建设开始于民国时期，主要路网结构在民国时期已形成。而海港区作为后来秦皇岛市的主城区，现在使用的道路地名主要出现在中华人民共和国成立后，这与海港区在中华人民共和国成立后作为秦皇岛市政府所在地的发展轨迹也是相一致的。

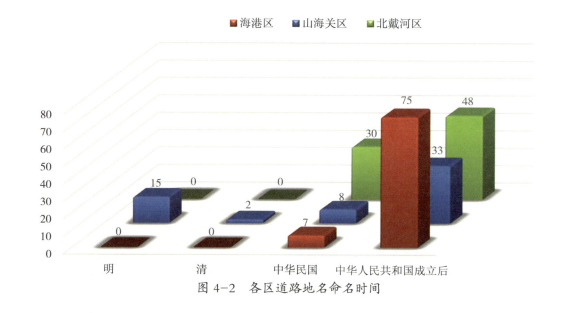

图 4-2　各区道路地名命名时间

三、中华人民共和国成立后地名产生年代统计

为了更细致地表现中华人民共和国成立后街路和桥梁名称出现的时间层次，我们将中华人民共和国成立后按照每 10 年为一个时间段，展示不同阶段街路和桥梁地名产生的数量。中华人

民共和国成立后建成区道路和桥梁地名产生年代如图 4-3 所示。从增长趋势可以看出，改革开放以后，秦皇岛建成区的道路和桥梁地名数量有了明显增长，尤其在 2000 年后大幅度增长，形成了现阶段城市的路网格局。各区在中华人民共和国成立后的道路和桥梁分别统计后如图 4-4 所示，其中 2000 年以后道路和桥梁数量增长集中在海港区。

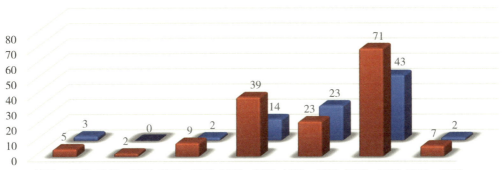

图 4-3 中华人民共和国成立后建成区道路和桥梁地名产生年代分布图

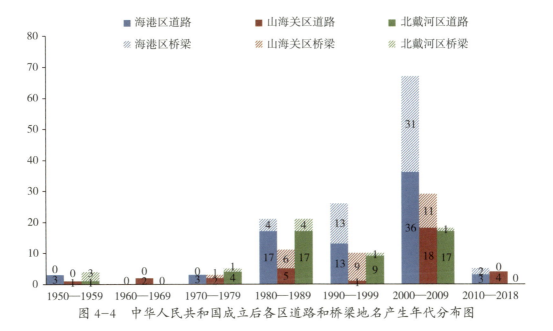

图 4-4 中华人民共和国成立后各区道路和桥梁地名产生年代分布图

第五章　道路通名和修饰词用法分析

一、分析目的

　　通名和地名修饰词是一个地方地名命名思维和命名方式的重要体现，是地名文化的重要组成部分。通过深入分析通名和地名修饰词的使用特点，有利于在今后的地名命名工作中，确保新生地名和存量地名的有机衔接。

二、道路通名分析

　　通过对整个秦皇岛市建成区道路名称普查情况进行统计分析后，梳理出道路所采用的 8 种通名，分别是大街、大道、道、路、街、小街、胡同、公路，具体分布数量和占比分别如图 5-1 和 5-2 所示。可以看出，秦皇岛道路主要使用"路"作为通名，其次使用"街"，并分为"大街""街""小街"三种形式，其他各类通名均有出现，但数量较少，整体比较符合现在城市道路通名的使用频率和习惯。

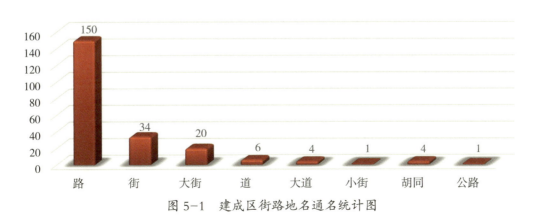

图 5-1　建成区街路地名通名统计图

秦皇岛建成区的道路通名虽然整体上以"路"为主，"街"为辅，但是各个区在具体使用上还有着明显不同，如图 5-3 所示。其中海港区在命名时基本遵循"东西为街、南北为路"的现代命名习惯，仅有个别几条东西走向的次干路和支路以"路"作为通名，一条南北走向的道路以"街"命名。山海关区城市道路中有 26 条以"街"或"大街"命名的道路，其走向以东西走向为主，但也有 6 条以"街"命名的道路为南北走向，而这 6 条道路命名时间均在明清时期。以"路"作为通名的道路名称中，也存在多条东西走向的。山海关区在道路命名时并没有遵循"东西为街、南北为路"的习惯。北戴河区仅有一条用"大街"命名的道路，而没有采用"街"作为道路通名。

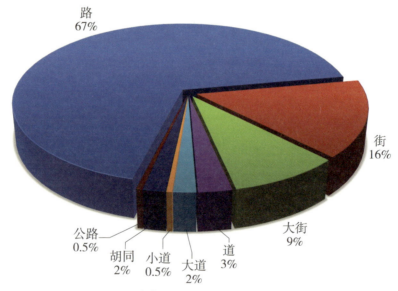

图 5-2　建成区街路地名通名占比图

如图 5-3 所示，在"大"通名的使用上，如"大街""大道"，秦皇岛建成区道路较多使用"大街"，主要使用在海港区和山海关区，其中海港区在城区规模较大的主干路、快速路通名的选择上以"大街"为主，而山海关带有"大街"通名的道路除"港山大街""南园大街"外，其他道路如"鼓楼东大街""南关大街""东罗城大街"等道路均在明代就以大街命名，其名称符合当时道路的定位及等级，是作为历史痕迹保存了下来，可以与新命名道路区分对待。"大道"仅在山海关区和北戴河区各存在两条，且都是作为两区连接海港区主要道路的通名。从这种"大"通名使用的情况来看，"大街"使用在城区内部的快速路、主干路中，"大道"一般使用在城区与城区之间的连接线路中。

秦皇岛市建成区在使用道路通名上也存在与道路实际等级不吻合的情况，如海港区的"长城大街"、山海关区的"南园大街"作为城镇居民区的次干路，与"大街"的通名在等级上不符，且其他邻近街路均以"路"作为通名。

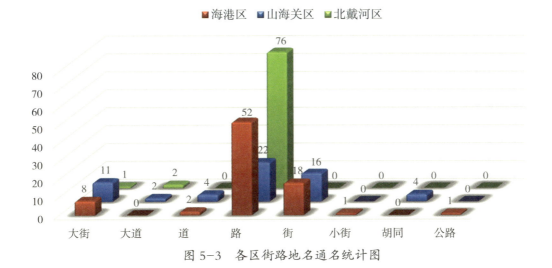

图 5-3　各区街路地名通名统计图

秦皇岛道路名称在通名使用上还有一个特点就是采用"道"作为通名。"道"是个非常传统的通名，在现代城市道路的命名中使用的频率相对较少。山海关区的道路名称中带有"道"通名的道路其命名时间都比较早。因此，该通名可以作为区域的特色通名使用。

此外，秦皇岛曾经还有以"里"作为通名的道路名称。"里"在古时是一种泛指，既指某一个聚落，又指聚落中心的道路，随着城市不断建设改造，"里"已经不再作为道路通名出现，而在城镇居民点名称中还有保留。

三、道路地名中方位修饰词的使用

海港区在地名中包含方位词的地名共 9 条，按照命名方式分为：借用 1 条、相对位置 1 条、延伸 4 条、道路特点 3 条，只有东环路、西环路、北环路因其突出道路在城区的方位而将方位词放在前面外，其他地名的方位词都放在核心词之后，如建国南路、西港北路。

山海关区在地名中包含方位词的地名共 12 条，按照命名方式分为：延伸 1 条，相对位置 11 条，其中小西关大街、南关大街、西关大街的方位词在前，这里需要说明的是，小西关大街是西关大街的西向延长路，在命名时考虑避免叠字而使用了"小"，并且与地名中的"大"分隔，在读时不会有拗口的感觉。两条路在道路等级和宽度上与西关大街是一致的，今后在城区发展建设中可以考虑将两条道路合并，统称为西关大街。而对于南关大街、西关大街两条道路，其得名是因为街路分别位于山海关古城南门、西门外，实际"南关""西关"本身也有城门的意思，是一个常见词，与一般的方位修饰词不同。其他地名的方位修饰词均在核心词之后。

北戴河区带有方位词的道路名称较前两个区明显增多。经统计，北戴河区道路地名中带有方位词的地名有 19 条，其中有 12 条道路的方位词在前，这 12 条道路的名称中与其他两个区同类名称不同的是"东海滩路""中海滩路""西海滩路"三条道路，其方位词均在核心采词的前面，其他类似的"北 × 路""东 × 路"都是方位词作为核心，后面以数字作为修饰词区分。

第六章　地名对地域文化的承载力分析

　　地域文化是在一定地域范围内长期形成的历史遗存、文化形态、社会习俗、生产生活方式等。所谓"百里不同风，千里不同俗"，不同的地域形成不同的地域文化。地名是地域文化的重要组成部分，也是地域文化的重要载体，它不仅仅是单纯的语言符号，更是一种社会文化符号，深受时代背景和社会因素影响。秦皇岛作为国内知名的海滨旅游城市，其地域文化是融合了古今自然、人文众多文化因素的一个综合型文化系统，具有丰富性、开放性、包容性的特征。在这里，既有历史上的孤竹文化、长城文化、碣石文化，也有近现代的蓝色文化、旅游休闲文化等。这些地域概念和地域精神体现在地名中，成为秦皇岛多元文化的活化石。尤其秦文化及长城、海洋、港口等多种文化元素在秦皇岛城区交通类地名中使用频繁，鲜明地反映出所在地域的地名体系总体特征，为城市精神文化和想象空间的立体塑造提供了有力支撑。

一、秦元素

　　秦皇岛这座城市的得名源自于千古一帝——秦始皇，秦文化也因而成为这座城市人文的一部分。以秦皇求仙入海处为中心，秦文化元素集中体现在海港区快速路、次干路、支路、县道等各个等级城市道路中，以带有"秦皇""秦"等字词的道路街巷地名为表征。

表6-1　秦文化元素在道路地名中的体现

地域文化	标准地名	类别名称	所在行政区
秦文化	秦皇大街	快速路	海港区
	秦安街	次干路	海港区
	秦昌路	支路	海港区
	秦川路	支路	海港区
	秦福路	支路	海港区
	秦祥路	支路	海港区

续表

地域文化	标准地名	类别名称	所在行政区
秦文化	秦新路	支路	海港区
	秦云路	支路	海港区
	老秦山公路	县道	海港区
	秦海路	支路	海港区

注：表中标准地名及其类别等信息来源于秦皇岛市第二次全国地名普查成果资料。（下同）

二、长城元素

秦皇岛市长城资源丰富、气势雄伟、风光绮丽、建筑壮美、文物丰富、敌楼关隘众多，是我国长城最精华的地段之一。以山海关为起点的明代万里长城，承载了中华民族厚重的历史，逐渐形成了秦皇岛地域独特的长城文化。"长城""关城""关"等字词，及与长城文化相关的"孟姜女"等典故，多被用于秦皇岛道路街巷地名之中，尤其在山海关区表现最为突出。

表6-2　长城文化元素在道路地名中的体现

地域文化	标准地名	类别名称	所在行政区
长城文化	长城大街	次干路	海港区
	关城南路	主干路	山海关区
	关城西路	主干路	山海关区
	关城东路	主干路	山海关区
	东水关大街	次干路	山海关区
	第一关路	次干路	山海关区
	长城西街	次干路	山海关区
	关城北路	主干路	山海关区
	孟姜庙路	专用	山海关区

三、蓝色元素

蓝色元素是指涵盖海洋、临海、涉海三大经济元素为物质基础的开放包容、创新拼搏的海洋文化和港口文化。秦皇岛市拥有丰富的海洋历史文化资源和海洋旅游文化资源，濒临渤海，自然地理条件得天独厚，是中国首批14个沿海开放城市之一。秦皇岛又称港城，1898年清朝政府自主开埠建秦皇岛港，辟北戴河海滨为中外人士避暑地，历史文化源远流长。因此，在海港区及北戴河区分布有大量以"海""港"命名的道路街巷地名，山海关区亦有部分分布。

表6-3　蓝色文化元素在道路地名中的体现

地域文化	标准地名	类别名称	所在行政区
蓝色文化	海滨路	主干路	海港区
	渤海路	支路	海港区
	龙港路	次干路	海港区
	港锋路	次干路	海港区
	西港路	支路	海港区
	燕港路	支路	海港区
	秦海路	支路	海港区
	北港大街	主干路	海港区
	西港北路	主干路	海港区
	海阳路	主干路	海港区
	东港路	快速路	海港区
	港山大街	主干路	山海关区
	南海道	次干路	山海关区
	中海滩路	次干路	北戴河区
	海一路	支路	北戴河区
	海二路	支路	北戴河区
	海三路	支路	北戴河区
	滨海大道	主干路	北戴河区
	东海滩路	次干路	北戴河区
	海波路	次干路	北戴河区
	滨海一路	支路	北戴河区
	滨海二路	支路	北戴河区
	滨海三路	支路	北戴河区
	西海滩路	次干路	北戴河区
	海宁路	次干路	北戴河区
	海北路	次干路	北戴河区

　　秦皇岛市悠久的城市发展历史，形成了丰厚的人文底蕴和多元融合的地域文化。该地地名在长期历史沿袭中也形成了某些特定的采词思路和使用习惯。秦元素、长城元素、蓝色元素在城区道路地名的形成过程中，成为重要的命名理据和考量因子。这些与地域文化内在联系密切的地名，因在地理分布上呈分散而又相对集中的趋势，故而形成各具特色的地名群。秦元素地名群主要分布于海港区，长城元素地名群主要分布于山海关区，蓝色元素地名群主要集中于海

地名部分

港区、北戴河区。秦皇岛深厚的地域文化为地名语词的形成和生存提供了土壤，这些独具特色的地名群又因为突出地方特点，反映当地的历史、文化、经济和地理特征，而易为社会承认且更具生命力。

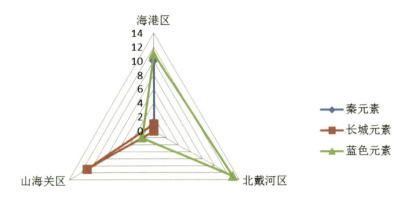

图 6-1　地名群地域分布

第七章　地名对重要资源的导入作用分析

资源是城市赖以生存和发展的根本，资源的分布具有地域性，这是造成空间位移的重要因素。空间位移是伴随地名的变换出现的，不论是一个城市与其他城市或地区之间的交通联系，还是城市内部各交通产生点和吸引点之间的交通联系，都离不开地名的指引。宏观上，相互衔接、规范有序的地名格局，是建立空间联系的前提；微观上，地名地址成为地名与资源相互挂接的媒介，为具体资源点的导航起到定位作用。

一、宏观：城市地名导引系统

地名导引系统是地名网络的总体框架性结构，也是城市重要资源可达性的基础。要分析地名对城市资源的导入作用，需从城市交通产生点（交通源）、城市资源目的地（交通靶）和城市交通通达性（交通流）等各个环节全面展开。

图7-1　地名导引系统示意

（一）交通源分析

以城市为单元，秦皇岛市建成区过境高速主要有京哈、承秦、秦滨三条线路，另外，还有

205、102 两条国道作为主干路。在地理意义上是华北与东北两大经济区的交汇点，公路干线主要沿北京—秦皇岛—沈阳一线分布。

在研究秦皇岛市建成区交通可达性时，需选择游客进出研究区域的交通出入口为源点，考虑到各类等级对外公路交通出入口对区际联系的影响有所不同，因此将出入口节点分为四类：高速公路出入口、国道出入口、省道出入口和县乡道出入口。秦皇岛重要交通出入口（交通源）包括：

①北戴河出入口

出口编号：256

出口标志信息：北戴河支线、北戴河、南戴河

②秦皇岛西出入口：原沿海高速出入口，（天津沿海高速、承德承秦高速）下车后是 102 国道

出口编号：261

出口标志信息：沿海、昌黎、乐亭、曹妃甸

③秦皇岛出入口：位于开发区内，连接兴凯湖路至秦皇西大街（原黄河道），是秦皇岛现在的主出口

出口编号：268

出口标志信息：秦皇岛、开发区

④秦皇岛北出入口：位于海港区，连接海阳路和 102 国道，原秦皇岛西出入口，后改为秦皇岛北出入口

出口编号：275

出口标志信息：S251、秦皇岛、青龙

⑤秦皇岛东出入口：位于海港区，连接东港路，直通秦皇岛港

出口编号：282

出口标志信息：S024、秦皇岛东、山海关

⑥山海关出入口

出口编号：300

出口标志信息：S023、山海关

（二）交通靶分析

目的地的吸引力对交通流具有正向作用，目的地重要资源可作为交通指向的"靶"，资源等

级越高、规模越大，对交通的吸力作用就越强。旅游景区主要聚集于资源富集区，旅游景区与资源富集程度具有高度协同性。因此，可通过研究旅游景区的空间分布，间接判断交通靶的位置结构。通过整理秦皇岛主城区重要旅游资源，可发现交通靶主要呈现"一廊带三团"的态势，北戴河区、海港区、山海关区重要资源分布自成集群，由沿海的交通干道贯穿连接（图 7-2）。

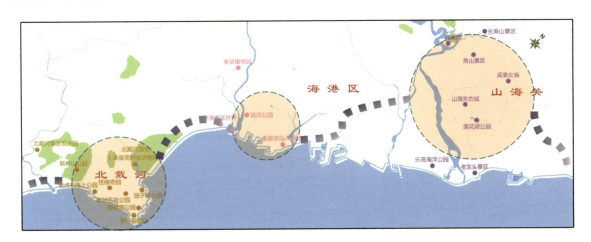

图 7-2　秦皇岛重要资源空间分布

（一）一　廊

北戴河资源聚集区、海港资源聚集区、山海关资源聚集区三个组团之间通过沿海主干道和沿海慢行路衔接起来，形成一条滨海廊道。在空间结构上看，以带状延伸的形态，对三个资源聚集组团起到串联的作用，使不同的资源集群之间互动发展，同时辐射和推动整个滨海地带的旅游发展。

（二）三　团

在宏观视角下，秦皇岛城区各旅游景点呈点状分布。然而，围绕不同的核心吸引物，秦皇岛城区资源呈现"抱团"发展的态势，这些景点大致可被归类为山海关历史名胜、北戴河海滨风景和海港区现代化港湾三大旅游群。并且，北戴河与山海关的资源集群程度要优于海港区。

1.山海关历史名胜

山海关是历史悠久、名胜荟萃、风光绮丽、气候宜人的历史文化古城和文物旅游胜地，拥有老龙头、角山、燕塞湖、孟姜女庙、长寿山等景点。以山海关古城为中心，自然与人文景区紧密相连，是各种类旅游资源聚集、交错产生的具有多重属性的综合景区。

2. 北戴河海滨风景

北戴河海滨地处秦皇岛市中心的西部，是中国开发最早的海滨度假区之一，背靠树木葱郁的联峰山，沿海岸线分布有鸽子窝、碧螺塔、老虎石等著名景点，自然环境优美。同时，北戴河具有悠久的旅游历史，文化底蕴深厚，如位于金山嘴及其附近的秦行宫遗址，据称是秦始皇"东临碣石"所在地。

3. 海港区现代化港湾

海港区是秦皇岛市政治、金融、文化、贸易的中心。这里海岸平缓、沙软潮平，辟有多处海水浴场。东山上"秦皇求仙入海处"公园，山海园林与古文化融为一体，壮观秀美。

（三）交通流分析

交通流是交通源与交通靶之间的连接线，反映了两地间相互作用机会的潜能和克服空间分割的愿望和能力。根据交通需求强度与通道区位特征，秦皇岛城区以快速路和交通性主干路构成城市道路网的骨架。从格局形态上看，道路网大致有南北、东西两个走向。东西走向的道路构成秦皇岛各分区间的交通联络线，南北向的道路穿插其中，共同形成纵横交错的道路体系。

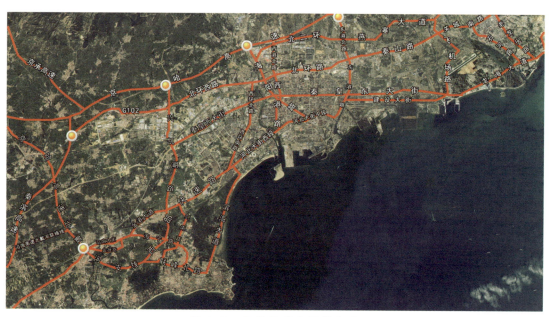

图 7-3　主要交通流结构体系

将北戴河、海港、山海关三区连接贯通的主干道路主要包括：京哈高速、北环西路、北环路、秦山公路、关城南路、北二环、燕塞大道、关城北路、秦皇西大街、秦皇东大街、龙海大道、站南大街、金港大道、西部快速路、滨海大道、河北大街西段、河北大街中段、建设大街。

北戴河区内部起重要枢纽作用，连接东西向主干道路形成交通网络的重要道路包括：联峰北路、金抚路、海宁路、剑南路。

海港区内部起重要枢纽作用，连接东西向主干道路形成交通网络的重要道路包括：西环南路、西环北路、海阳路、兴凯湖路、东港路、东港北路、西港路、西港北路。

山海关区内部起重要枢纽作用，连接东西向主干道路形成交通网络的重要道路包括：飞机场路、石河路、老龙头路。

二、微观：重要资源点的交通可达性

地名是公共地理框架数据的重要组成部分，其以坐标点位的方式描述某一特定的空间位置上自然或人文地理实体的专有名称和属性，是交通与资源相互挂接的媒介。以秦皇岛重要景区景点作为重要资源兴趣点，通过地名地址数据，可追溯查找对资源起导入作用的城市交通情况。原则上，重要程度越高的资源应由等级更高的城市道路来引入。因此，地名对资源的导入作用强弱，可通过两者级别的对等程度来研判。

根据秦皇岛城乡规划局官方发布的《秦皇岛北戴河风景名胜区总体规划》文本，秦皇岛城区主要景区景点可分为三个级别，分别代表不同资源的重要性强弱。结合现今发展情况，稍作调整后，级别归类如下：北戴河区的一级景点包括秦行宫遗址、联峰山公园、鸽子窝公园、老虎石海上公园、怪楼奇园，二级景点包括海滨国家森林公园（秦皇岛野生动物园）、3D 魔幻世界、碧螺塔，三级景点包括赤土山、秦皇宫、鸽子窝公园—海洋生物馆、鲁迅公园、碣石园；山海关区的一级景点包括天下第一关、老龙头、澄海楼、宁海城、海神庙、孟姜女庙、九门口长城、角山长城，二级景点包括长寿山、孟姜女坟、燕塞湖景区、栖贤寺、点将台、六国营盘、三道关长城，三级景点包括山海关影剧院、长城博物馆；海港区的一级景点包括秦皇求仙入海处、新澳海底世界、清真寺，二级景点包括人民公园、渔轮码头。景区景点级别越高，代表资源重要性程度越高，对交通可进入性的要求也越高。

秦皇岛城市道路主要包括城市快速路、城市主干路（包括交通性主干路与生活性主干路）、城市次干路以及城市支路等级别类型。其中，城市快速路、交通性主干路构成城市骨架道路网，主要承载长距离跨区交通活动，强调系统性，是城市交通运行效率的保障；生活性主干路、次干路和支路组成城市基础路网，承载片区基本城市功能，主要服务本地区出行活动。客观来讲，道路级别越高，通达性越好，对资源的导入效率就越高。

表7-1 地名对资源的导入作用分析

政区名称	景点级别	主要景点、景区	地名地址	地名级别	导入作用
北戴河区	一级	秦行宫遗址	金山嘴路8号	支路	弱
		联峰山公园	联峰路与剑秋路交会处	快速路∩主干路	强
		鸽子窝公园	鸽赤路25号	支路	弱
		老虎石海上公园	北戴河中海滩路	次干路	弱
		怪楼奇园	联峰路	快速路	强
	二级	海滨国家森林公园(秦皇岛野生动物园)	滨海大道中段	主干路	强
		3D魔幻世界	京哈高速北戴河连接线	国道	强
		碧螺塔	东海滩路中段	次干路	适中
	三级	赤土山	新河路	次干路	强
		秦皇宫	联峰路85号	快速路	强
		鸽子窝公园—海洋生物馆	鸽赤路	支路	适中
		鲁迅公园	西经路1号	次干路	适中
		碣石园	剑秋路与西经路交口东路北	主干路∩次干路	强
山海关区	一级	天下第一关	第一关路	次干路	弱
		老龙头	老龙头路1号	主干路	强
		澄海楼	龙海大道1号老龙头景区内	主干路	强
		宁海城	龙海大道1号老龙头景区内	主干路	强
		海神庙	龙海大道1号老龙头景区内	主干路	强
		孟姜女庙	孟姜庙路	专用道	弱
		九门口长城	海港区X684附近	省道	适中
		角山长城	角山路角山长城风景区	县道	弱
		长寿山	长寿山路	乡道	弱
		孟姜女坟	孟姜庙路	专用道	弱
		燕塞湖景区	燕塞湖路	次干路	适中
	二级	栖贤寺	角山路五佛山国际生态旅游度假区角山景区内	县道	弱
		点将台	海港区X684附近		弱
		六国营盘	第一关路山海关古城内	次干路	适中
		三道关长城	长寿山路	乡道	弱
	三级	山海关影剧院	关城南路93号	主干路	强
		长城博物馆	第一关路	次干路	强

政区名称	景点级别	主要景点、景区	地名地址	地名级别	导入作用
海港区	一级	秦皇求仙入海处	海港区南山街 56 号	次干路	弱
		新澳海底世界	河滨路 81 号	主干路	强
		清真寺	海港区幸福街与民族南路交叉口东南 100 米	支路∩主干路	适中
	二级	人民公园	海港区海阳路 202 号	主干路	强
		渔轮码头	海港区东港路 120 号	快速路	强

相对于自身级别而言，交通可达性好的景区景点，即地名对资源导入作用强的景点包括：联峰山公园、怪楼奇园、海滨国家森林公园（秦皇岛野生动物园）、3D 魔幻世界、赤土山、秦皇宫、碣石园、老龙头、澄海楼、宁海城、海神庙、山海关影剧院、长城博物馆、新澳海底世界、人民公园、渔轮码头。

地名对资源导入作用有待提升的景点包括：碧螺塔、鸽子窝公园—海洋生物馆、鲁迅公园、九门口长城、燕塞湖景区、六国营盘、清真寺。

地名对资源导入作用较弱，未来交通可达性亟待加强的景点包括：秦行宫遗址、鸽子窝公园、老虎石海上公园、天下第一关、孟姜女庙、角山长城、长寿山、孟姜女坟、栖贤寺、点将台、三道关长城、秦皇求仙入海处。

第八章　地名与文化资源匹配度分析

指位是地名的一项重要功能，每个地名实体都有特定的地域范围，地名具有的这种指代性，使人们通过"名"与"地"的联系而望"名"知实，望"名"生义。道路街巷的名称不仅直接指称城市道路，更对城市重要资源具有引流和导入作用。当资源派生地名与主地名在地理位置上存在错位时，会产生指位上的误导，使地名网络显得混乱无序。因此，要有效发挥地名对资源的引导作用，首先要确保地名对资源的空间定位是准确的。其次，地名对资源的扩展和渗透作用还应该是适度的，资源派生地名的通名应与资源本身的等级、影响力相匹配，即横向上要避免"张冠李戴"，纵向上又要避免"大材小用"。

一、横向：地名位置与文化资源空间分布

地名是地图的主要内容之一，具有其他地图要素不可比拟的直观性和概括性，是百姓最容易接受的定位方式。人们可以"按名寻地"，这是地名所具有的共性。道路街巷地名的区域空间是细长形的，它适合于交通定位，尤其适合于沿着道路在行进中寻找地点。秦皇岛有许多道路街巷名称是通过借用城市的一些建筑、景点等标志性景观派生而来，通过发挥地名的联想效应，这些地名起到了很好的指位作用。根据地名命名来源及其反映的自然与人文景观特征，道路街巷地名与文化资源空间分布的关系可大致分为沿路可达、沿路可近、沿路可寻三类。它们不同程度地体现了人们到达文化资源的难易程度，影响着资源空间服务功能的有效发挥（如图8-1）。

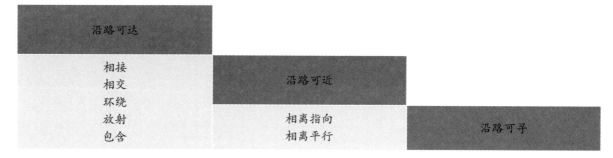

图 8-1　地名指位的三个层级

（一）沿路可达

沿路可达是指地名与文化资源在空间位置上存在交点，地名对资源的导向是明确、具体的，甚至是深入资源内部的。下文结合实例加以说明：

1. 地名与文化资源空间位置呈相接关系

联峰山公园—联峰路

联峰山公园，始建于 1919 年，当时叫莲花石公园。因山势连缀有联峰之妙，远视又似莲蓬，也称为莲蓬山。公园以登山览胜、林中探幽、寻史访踪、氧吧洗肺为特点，是北戴河最大的森林公园。

联峰山公园位于联峰路与剑秋路交叉口处，沿联峰路西行到头即是景区入口。联峰路全长 5 千米，起于剑秋路，止于东坡路，是于 1936 年命名的一条城市快速路。

长寿山景区—长寿山路

长寿山风景区位于山海关城东北约 9 千米处，东起黄牛山，西至角山。以雕刻、建筑、书法等多种形式反映长寿延年的主题，是一处集自然、人文景观于一体的风景名胜区，被誉为长城脚下的天然园林。

长寿山路是通往长寿山景区的专用旅游公路，起于关城北路，全长 8.11 千米。

孟姜女庙—孟姜庙路

孟姜女庙景区坐落于山海关以东 6.5 千米的凤凰山上，由贞女祠和孟姜女苑组成。孟姜女庙是长城文化衍生出的民间民俗文化的产物。始建于宋代以前，明万历二十二年（1594 年）主事张栋重修，现为河北省重点文物保护单位，也是我国现存最完整的祭祀孟姜女的庙宇。

孟姜庙路是通往孟姜女庙景区的专用旅游公路，起点为边墙子村南，长 1.5 千米。

奥林匹克体育中心—奥体街

秦皇岛市奥林匹克体育中心是 2008 年北京奥运会的分赛场之一，是一座功能体育场。

奥体街起点为文体路，止点为文昌路，为次干路。沿奥体街可行至奥体中心南门。

2. 地名与文化资源空间位置呈相交关系

老龙头景区—老龙头路

老龙头景区位于山海关城南 5 千米的临海高地上，自身形成半岛伸入渤海之中。是明万里长城军事防御体系的重要组成部分，也是山海关景区的重要景点。

老龙头路起点为关城南路，直接通往老龙头景区内部，长 4.73 千米，是一条城市主干路。

燕塞湖景区—燕塞湖路

燕塞湖，原名石河水库。处于燕山脚下，环绕在深山峡谷之中，是万里长城东起的第一座人工湖。

燕塞湖路起点为关城北路，通往燕塞湖景区内部，长 7.3 千米，是于 1965 年得名的一条次干路。

角山景区—角山路

角山景区位于山海关城北 3 千米处，主峰大平顶巨大嵯峨，恰似龙角，故得名角山。景区集山、城、寺于一体，是观日出的理想之处。

角山路以山海关城的北门为起点，是通往角山景区及角山长城的专用旅游公路，长 2.798 千米。

3. 地名与文化资源空间位置呈环绕关系

山海关古城—关城东 / 南 / 西 / 北路

山海关古城景区是明万里长城东部起点的第一座重要关隘，始建于明洪武十四年（1381 年），依山襟海，雄关锁隘，素有"两京锁钥无双地，万里长城第一关"之称。在明长城沿线上千座大大小小的险关要隘中，山海、居庸、嘉裕三关名冠古今，而这三大名关之中，山海关又雄踞其首，因此被称为"天下第一关"。

图 8-2　地名与文化资源空间环绕关系示例

关城北路为北京至哈尔滨的国道山海关段，起点为魏李庄西南，止点为晏屯村北，长15.49千米。关城南路因位于古城南侧而得名，起点为石河大桥，止点为铁三局火车道，长3.93千米。关城东路位于古城东侧，起点为关城北路，止点为长城西街，长1.66千米。关城西路位于古城西侧，起点为站西街，止点为关城北路，长2.3千米。道路与山海关古城位置示意如图8-2。

4. 地名与文化资源空间位置呈放射关系

钟鼓楼—鼓楼南/北/东/西大街

山海关的钟鼓楼，明初由大将军徐达修建于城中之北，万历十四年（1586年）移建于城中心，故又称中心楼。钟鼓楼四孔穿心，十字相交，分通四门。楼台上建钟、鼓二楼及文昌殿。三体合一，独具特色。1952年，因年久坍毁失修拆除。2004年3月19日，钟鼓楼作为山海关古城保护开发标志性工程举行奠基仪式，于当年9月落成。

鼓楼北大街，在鼓楼以北，原称北大街。2005年更为现名。起点为鼓楼，止点为北城门，长640米。鼓楼南大街，在鼓楼以南，起点鼓楼，止点为南城门，长730米。鼓楼西大街，在鼓楼西侧，起点为鼓楼，止点为西城门，长540米。鼓楼东大街，在鼓楼以东，起点为鼓楼，止点为天下第一关，长380米。街名与钟鼓楼位置示意如图8-3。

图8-3 地名与文化资源空间环绕关系示例

5. 地名与文化资源空间位置呈包含关系

天下第一关景区—第一关路

天下第一关箭楼，原名镇东楼，始建于明洪武十四年（1381年）。楼高13.7米，建筑面积356平方米。北、东、南三面共设68孔箭窗。1961年被国务院公布为第一批重点文物保护单位。"天下第一关"牌匾真迹就收藏于天下第一关箭楼里。

第一关路起点为天下第一关，止点为关城南路，长 800 米。

（二）沿路可近

沿路可近是指地名与文化资源在空间位置上没有交点，地名与资源存在一定距离，但一般距离较近。下文结合实例加以说明：

1. 地名与文化资源空间位置呈相离指向关系

鸽子窝公园（鹰角亭）—鹰角路

鸽子窝公园，又称鹰角公园，位于北戴河海滨的东北角，是秦皇岛市北戴河风景名胜区四大景区之一。

鹰角路因往北直达鹰角亭，故名。起点为东经路，止点为联峰路，长 624 米。

2. 地名与文化资源空间位置呈相离平行关系

新河—新河路

新河发源于抚宁区栖云寺山东麓，流经甘各庄、蔡各庄，从赤土山北入海。全长 15 千米，其中 14 千米流经北戴河区，总流域面积为 77.5 平方千米。

新河路因位于新河边，故名。起点为滨海大道，止点为海宁路，长 1.95 千米。

怪楼奇园景区（百花山景点）—百花路

怪楼奇园坐落于北戴河海滨百花山上，为北戴河风景名胜区的主要景区之一。

因该路西侧怪楼公园内有百花山，象征繁荣昌盛，故得名百花路。起点为联峰路，止点为联峰北路，长 698.4 米。

石河—石河路

石河，古称榆水，是秦皇岛市区内最大河流，全长 67.5 千米，流域面积 625 平方千米，其中山海关境内河长 13.3 千米。它发乎燕山，归于渤海，与万里长城齐飞共舞，宛如两条巨龙护卫着古城山海关。千百年来，石河水系哺育了世代古城人民，积淀了深厚的石河文化，1644 年，改变中国历史走向的"甲申之战"就发生在石河流域。

石河路因位于石河岸堤上，故得名。起点为龙海大道，止点为关城北路，长 7.4 千米，宽 35 米，为城市次干道。

铁路沈山线—铁路街

铁路街因位于铁路旁，故而得名。起点为地道桥，止点为荒地，长 350 米，宽 10 米，为次干道，途经行政区为路南街道。

（三）沿路可寻

沿路可寻是指资源无明显边界，地名指向资源区域范围，而不通向具体地点。下文结合实例加以说明：

中海滩—中海滩路

中海滩是指北戴河海滨东一路至剑秋路一带的海滩，通称中海滩。因路沿海滩，又位于海滨中部，南侧临海，景色秀丽，暑期游人络绎不绝，故得名通称中海滩路。起点为军委 36 号楼宾馆，止点为西经路，长 3.9 千米。

东海滩—东海滩路

从旅游码头到碧螺塔公园之间的海滩，多称之为东海滩。东海滩路是海滨东部沿海滩的游览路，群众习惯称为东海滩路。起点为东坡路东端，止点为军委 36 号楼宾馆，长 2.2 千米。

西海滩—西海滩路

从老虎石往南一直到剑秋路路口，为西海滩。因路沿海滩，又位于海滨西部而得名西海滩路。起点为平水桥，止点为驼峰路西十字路口，长 5.2 千米。

金山嘴—金山嘴路

金山嘴是联峰山余脉，位于北戴河海滨最东端。因其直插入海，形似鸟嘴，故名。因金山嘴有座海神庙，每年农历四月十八日去庙进香的人络绎不绝，必经此路，于是人们习惯上称它为金山嘴路。金山嘴路起点为东经路，止点为东海滩路，长 857.6 米。

二、纵向：地名与文化资源级别匹配程度

地名既是城市管理和社会生活的重要基础信息，又是一种社会文化形态，承载了一个城市的历史文化信息，展现着一座城市的历史文化底蕴。道路街巷名称既要较好地体现文化资源的特色和内涵，又要与道路等级相适应，反映道路特点，方便使用。以城市主干道路名称为例，它是城市环境、城市风格和文化的重要体现，应该以最具地域特色或反映城市独特性的词语来命名。"秦皇大街"这一地名就很好地体现了秦皇岛的城市特色，展示了秦皇岛整体想象空间，而如若以"北环""民族"这样与城市形象和共同想象空间不搭界的词语命名秦皇岛骨干道路，或将秦皇大街的专名"秦皇"二字用于级别更低的"巷""弄"等道路类型，显然是不合适的。地名对资源空间指位功能的有效发挥，很大程度上受道路等级的影响。原则上，由资源派生的交通地名在级别上应与资源本身的影响力相匹配（如表 8-1）。

表8-1　地名与资源级别匹配度

重要资源	资源派生地名 （道路街巷）	地名等级	地名与资源匹配度
山海关古城	关城南路	主干路	匹配
	关城北路	国道	
	关城西路	主干路	
	关城东路	主干路	
天下第一关	第一关路	次干路	不匹配（地名等级低于资源等级）
钟鼓楼	鼓楼东／西／南／北大街	次干路	匹配
北大寺	北大寺路	主干路	匹配
燕山	燕山大街	主干路	匹配
渤海	渤海路	支路	不匹配（地名等级低于资源等级）
奥体中心	奥体街	支路	不匹配（地名等级低于资源等级）
老龙头	老龙头路	主干路	匹配
教军场	教军场路	次干路	匹配
孟姜女庙	孟姜庙路	专用道	不匹配（地名等级低于资源等级）
百花山	百花路	支路	匹配
秦行宫遗址	无	—	不匹配（资源未利用）
北戴河老别墅群	无	—	不匹配（资源未利用）
秦皇求仙入海处	秦皇东大街	快速路	匹配
	秦皇西大街		
明长城	长城西街	次干路	不匹配（地名等级低于资源等级）
	长城大街	次干路	
庆福寺遗址	无	—	不匹配（资源未利用）
角山	角山路	县道	不匹配（地名等级低于资源等级）
长寿山	长寿山路	乡道	不匹配（地名等级低于资源等级）
燕塞湖	燕塞湖路	次干路	不匹配（地名等级低于资源等级）
鸽子窝（鹰角亭）	鹰角路	次干路	匹配
老虎石	无	—	不匹配（资源未利用）
联峰山	联峰路	快速路	匹配
	联峰北路	主干路	
骆驼石	驼峰路	次干路	匹配
金山嘴	金山嘴路	支路	不匹配（地名等级低于资源等级）
毛泽东《浪淘沙·北戴河》	无	—	不匹配（资源未利用）

秦皇岛地名等级与资源影响力匹配度较好的两个典型案例，一个是山海关古城，一个是联峰山。前者作为重要人文资源的代表，派生出关城南路、关城东路、关城西路、关城北路等主干路及以上级别的道路名称；后者作为自然地理资源的代表，派生出联峰路这一城市快速路和联峰北路这一主干路，两者均有效地利用了资源的知名度，同时也通过地名在交通中的应用扩大了城市资源与文化内涵的宣传面。同样在对等级别中有效利用并充分发挥影响力的资源点还有钟鼓楼、北大寺、燕山、老龙头、教军场、百花山、秦皇求仙入海处、鸽子窝、骆驼石等。

有些本身影响力较大的资源点，如天下第一关，虽被延伸用于交通地名，但道路级别较低，与资源的知名度不匹配，未实现资源品牌的有效传达。这类资源点，如渤海、奥体中心、孟姜女庙、明长城、角山、长寿山、燕塞湖、金山嘴等，可在进行地名命名更名时对其深入挖掘，适时调整资源再生地名的级别和尺度，从而更好地为人民日常交往、生活及其他社会活动服务。

对于秦行宫遗址、北戴河老别墅群、庆福寺遗址、老虎石等知名度较高的景点景观名称，以及毛泽东《浪淘沙·北戴河》等名人作品中的佳词妙句等，可作为重要地名采词资源，用于地名命名更名，以充分体现城市优越的资源优势，塑造良好的城市形象。

第九章　地名在空间位置组织中的作用分析

　　城市空间可以分为实体空间和认知空间。实体空间关系是地理实体之间存在的一些具有空间特性的关系，它所研究的不再是某个单一要素的空间规律，而是两个甚至多个要素相互作用的耦合关系，这些因素相互作用形成了空间结构的一般特征。地名作为表达和传达空间知识的媒介，可以辅助确定空间中地点的位置关系，是讨论城市空间认知的前提。定义地名实体除了在地理框架中定性表达之外，还包含着目标实体和城市内其他地理实体之间的关系。城市地标是指在一定的城市地理区域范围内，对特定的认知人群同时在心理和地理意义上起着标志作用的城市空间形态。以城市重要的地名实体构成地标参照体系，道路街巷地名与地标之间主要存在三种空间关系：距离关系、方位关系和拓扑关系。

一、描述空间对象之间的距离关系

　　地名点间的距离关系一般包括定量关系和定性关系，定量关系主要依据源地名与目标地名所处的空间位置计算二者间的相对距离；定性关系是从认知角度衡量源地名与目标地名间的相对距离，其中最常见的定性关系为"周边（附近）"关系，通常用"近""旁"等字来形象化表述。

　　河滨路：因该路靠汤河西岸直达海边，故名河滨路。

　　海滨路：因邻近渤海，故名海滨路。

二、描述空间对象之间的方位关系

　　方位关系是指空间对象之间的各种方向关系。以源地名点为中心，整个空间范围可做不同象限的顺序划分，据此判断目标地名点所处的空间区域，即为源地名点与目标地名点间的相对方位关系。我国自殷商时代就已经形成了东、西、南、北的概念，在甲骨文中就有如东单、西鄙、南门、北洮等地名信息。此后，产生了依方位命名的地名，即以自然环境要素中的地形、山川河流、地理方位等作为参考坐标而命名的地名。依方位命名的地名往往带有诸如前后、左右、东西、南北等方位词。

站前路： 因该路位于山海关区新火车站前，故得名站前路。

西后街： 据查，该街 1914 年兴建，南北两条街，因该街居北，故称西后街。

联峰北路： 因该路位于联峰路北侧，故名联峰北路。

西峰路： 因该路位于山峰西侧，故得名西峰路。

七桥南路： 因该路由东经路七桥处向南至中海滩路，故名七桥南路。

站南大街： 因该大街位于北戴河火车站南侧，故名站南大街。

关城南路： 因该路位于古城南侧，故得名关城南路。

站西街： 因该街位于火车站西侧，故得名站西街。

关城西路： 因该路位于古城西侧，故得名关城西路。

关城东路： 因该路位于古城东侧，故得名关城东路。

南苑西路： 因该路位于南苑西面，故得名南苑西路。

南关大街： 因该大街位于城区南，故得名南关大街。

西顺城街： 因该街位于县城西侧，故得名西顺城街。

货场前街： 因该街位于货场前面，故得名货场前街。

鼓楼南大街： 该街在鼓楼以南，原称南大街。2005 年更名为鼓楼南大街。

鼓楼东大街： 该街在鼓楼以东，原称东大街。2005 年更名为鼓楼东大街。

鼓楼北大街： 该街在鼓楼以北，原称北大街。2005 年更名为鼓楼北大街。

西关大街： 因该大街正对古城西门，故得名西关大街。

小西关大街： 因该街在西关大街以西，故得名小西关大街。

鼓楼西大街： 该街在鼓楼西侧，原名西大街。2005 年更名为鼓楼西大街。

翼西街： 因建在南翼城西侧，且直通翼城，故得名翼西街。

站西街： 因该街位于车站西侧，故得名站西街。

关城北路： 因此路线为北京至哈尔滨的国道山海关段，故得名关城北路。

东环南路： 因位于东环路的南侧，为其西向延长路，故得名。

商城东街： 因位于商城东侧，故名商城东街。

西港路： 因位于海港区西环方向，以方位取名，故名西港路。

迎宾西路： 因位于迎宾路的西面，故名迎宾西路。

奥体街西段：因该街道位于奥体中心西面，故名奥体街西段。

河北大街西段：因位于河北大街上，靠西侧，故名河北大街西段。

三、描述空间对象之间的拓扑关系

　　地名所指代的地理实体可根据尺度与研究视角不同抽象为点、线、面要素。所谓点是该事物有确切的位置，但大小、长度可忽略不计，如交通分析用的道路交叉口、旅游景点。所谓线是该事物的面积可以忽略不计，但长度、走向很重要，如道路、河流。所谓面是该事物具有封闭的边界、确定的面积，一般为不规则的多边形，如行政区域、风景区。拓扑关系是这些空间结构元素间的各种相互关系，即用点、线、面所表示的实体之间的邻接、关联、包含和连通关系。如：点与点的邻接关系、点与面的包含关系、线与面的相离关系、面与面的重合关系等。一个特定地域范围内不同类别、不同等级、不同规格的地名，相互交织、衔接、覆盖，组成相对独立，又紧密有机联系在一起的地名网络。道路街巷等道路地名以"线"的形式，在其中承担连接、串联的重要角色。分析道路地名在城市空间结构塑造中的作用，可抽象为线与点、线与线、线与面三种具体类型，下面分别予以展开。

（一）线—点关系

　　交通线路的线状地名多采取缩略联称法命名。所谓"联称地名"，就是从有联系的两个原生地名中各抽取一个字，缩略合成一个新的地名。使用这种联称式命名法，简便易行，产生的新地名结构简明、表意明豁，故为人所习用。

　　秦皇岛道路街巷地名中有很多联称地名，它们在空间结构上体现了点与线的相连性：

单赤路：因该路为单庄通往赤土山的一条道路，故名单赤路。

刘赤路：因位于刘庄与赤土山之间，故称刘赤路。

双石路：因该路西起红石路，东至宝石路，故取名双石路。

剑南路：因该路西南起剑秋路，东北至南大寺，取两路的第一个字，故名剑南路。

港山大街：因该路从山海关直通港城大街，故得名港山大街。

老秦山公路：因是秦皇岛市区最早一条通往山海关的路，故名老秦山公路。

东华小街：因位于东华里小区与东华北里小区中间，故名东华小街。

侯栗路：因该乡村主干道的起点为侯庄，止点为栗园，故名侯栗路。

栗小道：起点为栗园，止点为小苇芝港，故名栗小道。

青鲤路：因该路连通青石山村和鲤泮庄村，故名青鲤路。

侯郭路：因该乡村主干道的起点为侯庄，止点为郭庄，故名侯郭路。

郭栗道：因是郭高庄至栗园的街道，故名郭栗道。

韩石路：因路经过韩庄、小高庄、石山三村，故名韩石路。

（二）线—线关系

城市主要干道在规划建设时往往本着尽量保持连贯性的原则，这样既可提高道路建设的经济性，又能保证道路系统的顺畅，形成风格特点鲜明的路网系统。但考虑到道路等级、道路管理实际等客观情况，长度超过一定阈值的道路往往进行分段处理，比如西路（段）、中路（段）、东路（段）。道路名称在连贯性、衔接关系上的特点反映在城市空间上可以看作线与线的相邻性。

秦皇西大街—秦皇东大街

秦皇大街城市快速路，以汤河为界分为两段，发挥贯通东西的重要作用。既避免了长距离道路门牌号数位过多的问题，又使道路名称整体性得以延续。

河北大街东段—河北大街中段—河北大街西段

河北大街东段东起煤码头，西至东环路，是市区通往河东的主要道路。

河北大街中段东起东环路，西至西港路，由东向西建国路、民族路、文化路、海阳路、红旗路、友谊路与其相交。

河北大街西段东起西港路，西至西环南路，此街为东北西南走向。

北环路—北环西路

北环路：起点为东港路，止点为西环路，为快速路。

北环西路：起点为西环路，止点为兴凯湖路，为快速路。

西港路—西港北路

西港路：起点为河北大街，止点为北环路，为主干路。

西港北路：起点为北环路，止点为 102 国道，为主干路。

东港路—东港北路

东港路：起点为北环路，止点为东山街，为快速路。

东港北路：起点为秦皇岛东高速出入口，止点为北环路，为快速路。

东环路—东环南路

东环路：位于东环路街道，起点为建国路，止点为民族路，为主干路。

东环南路：因位于东环路的南侧，为其西向延长路。

西海滩路—中海滩路—东海滩路

西海滩路：位于海滨镇，起点为西经路西端，止点为驼峰路，为城市次干道。

中海滩路：位于西山街道，起点为东海滩路，止点为草厂南路南端，为城市次干道。

东海滩路：位于东山街道，起点为中海滩路，止点为海波路，为城市次干道。

草厂新路—草厂中路—草厂西路—草厂东路—草厂南路—草厂北路

草厂新路：位于海滨镇，起点为草厂西路，止点为联峰路，为城市次干道。

草厂中路：位于海滨镇，起点为石塘路，止点为剑秋路，为城市次干道。

草厂南路：位于海滨镇，起点为西经路，止点为草厂中路，为支路。

草厂西路：位于海滨镇，起点为草厂南路，止点为剑秋路，为支路。

草厂东路：位于海滨镇，起点为石塘路步行街，止点为康复路，为支路。

草厂北路：位于海滨镇，起点为草厂中路，止点为联峰路，为支路。

还有一种交通地名的空间组织关系体现为线与线的相交关系，主路与专名相同的支路就是这种类型的典型存在：

育花路—育花支路

育花路：现位于东山街道，起点为联峰路，止点为联峰北路，为城市支路。

育花支路：现位于东山街道，起点为武警学院，止点为育花路，为城市支路。

黑石路—黑石支路

黑石路：现位于东山街道，起点为东经路，止点为联峰路，为城市次干道。

黑石支路：在北戴河海滨中部。1984年建。西南起老黑石路，北至联峰路，为城市支路。

（三）线—面关系

部分线状道路名称由相邻或相近的面状地域名称衍生而来，其中含有行政区域名称、区片名称、居民地名称或者较为著名的公共设施名称等。这一特点体现在空间关系上，表现为线与面的包含关系和相交关系。

渤海路：因靠近渤海而得名。

育花路：因该路位于育花社区，故名育花路。

东罗城大街：因该街为东罗城的主要街道，故得名东罗城大街。

南园大街：因该街建在南园生活区，故得名南园大街。

平安里街：中华人民共和国成立后随着人口增加，该地建立居民区取"平安"之意，故得名平安里街。

西河街：因该街通往西河家园而得名。2011 年更名为西河街。

新昌路：附近有昌德城、新建村小区。

建兴街：因建兴里社区在此街上，故名建兴街。

马坊街：因街道属马坊村，故名马坊街。

新闻路：因位于新闻里小区附近，故名新闻路。

燕港路：因穿过燕港里小区，故名燕港路。

奥体街：因该街道位于奥体中心西面，故名奥体街西段。

海阳路：因是通往海阳镇的主要道路，故名海阳路。

第十章 地名与城市规划契合度分析

　　城市规划是根据城市的地理环境、人文条件、经济发展状况等客观条件制订适宜城市整体发展的计划，从而协调城市各方面发展，并进一步对城市的空间布局、土地利用、基础设施建设等进行综合部署和统筹安排的一项具有战略性和综合性的工作。城市地名应反映各种不同城市的特色，特别是反映现代城市的建设成就和城市风貌，反映城市地域的自然环境、人文环境的特色和分异特点，并与城市内功能分区（商业区、工业区、文教区、风景旅游区等）保持协调。伴随城市范围的不断扩大，城市规划中的大量道路、桥梁、绿地、居民点等对象成为新地名不断涌现的重要渠道。为规范地名管理，地名命名更名需要立足城市规划，突出地域特色，实现规划内部要素之间、规划和外部环境之间的和谐。

　　城市规划成果是城市空间拓展、城市旧区改造的法定文件。秦皇岛历版总体规划包括：1985 版总体规划（1984—2000 年），1994 版总体规划（1991—2010 年），2004 版总体规划（2001—2020 年）。2006 年，对 2004 版总规进行了调编，并发布《秦皇岛市城市总体规划简要说明》。综合考虑规划的全面性和时序性，以《秦皇岛市城市总体规划（2001—2020 年）》的规划文本为参照，对比 2001 年后命名的道路街巷地名（表 10-1），可分析地名与城市规划契合度情况。

表 10-1　2001 年后命名道路街巷地名

区域	地名	类别	命名年代
海港区	东环南路	快速路	2002 年
	方大路	支路	2004 年
	龙港路	次干路	2001 年
	晨砦路	支路	2001 年
	光华路	支路	2004 年
	商城东街	支路	2001 年
	新兴一街	支路	2001 年

区域	地名	类别	命名年代
海港区	港锋街	次干路	2006 年
	西港路	支路	2004 年
	和煦街	支路	2003 年
	燕山大街	主干路	2006 年
	铁新街	支路	2008 年
	迎新街	支路	2007 年
	东华小街	支路	2008 年
	文涛路	支路	2006 年
	文体路	支路	2005 年
	奥体街	支路	2008 年
	秦海路	支路	2008 年
	秦皇大街	快速路	2001 年
	北港大街	主干路	2002 年
	纬三路	次干路	2013 年
	纬四路	支路	2013 年
	纬五路	支路	2013 年
	西环路	快速路	2005 年
	栗小道	主干路	2009 年
	侯栗路	主干路	2001 年
	侯郭路	次干路	2004 年
	郭栗道	支路	2008 年
山海关区	关城南路	主干路	2005 年
	老龙头路	主干路	2005 年
	关城西路	主干路	2005 年
	站前路	主干路	2006 年
	关城东路	主干路	2004 年
	南园大街	次干路	2011 年
	南苑西路	次干路	2002 年
	顺达街	次干路	2003 年
	东水关大街	次干路	2008 年
	教军场路	次干路	2005 年
	南苑路	支路	2001 年
	鼓楼南大街	次干路	2005 年

区域	地名	类别	命名年代
山海关区	鼓楼东大街	次干路	2005 年
	鼓楼北大街	次干路	2005 年
	北大寺路	主干路	2009 年
	西兴路	次干路	2005 年
	鼓楼西大街	次干路	2005 年
	平安里街	次干路	2010 年
	西河街	次干路	2006 年
	正合街	主干路	2010 年
	港山大街	主干路	2009 年
	石河路	主干路	2010 年
	正安街	次干路	2005 年
	翼西街	支路	2005 年
	关城北路	主干路	2002 年
	飞机场路	主干路	2005 年
	古御路	次干路	2006 年
	秦山路	省道	2004 年
北戴河区	北五路	次干路	2004 年
	北一路	支路	2003 年
	北三路	支路	2005 年
	北六路	支路	2001 年
	海一路	支路	2003 年
	海三路	支路	2001 年
	滨海一路	支路	2001 年
	滨海二路	支路	2001 年
	滨海三路	支路	2001 年
	单赤路	次干路	2005 年
	金城路	次干路	2003 年
	银涛路	次干路	2001 年
	金一路	支路	2003 年
	金二路	支路	2003 年
	金三路	支路	2003 年
	林涛路	支路	2003 年

一、地名特色与城市形象

城市形象是城市固有的特色和美感，是城市自然、人文、社会资源的集中表现。秦皇岛作为旅游城市，其城市形象塑造在城市规划设计中尤为重要。而地名景观是构成城市社会环境、文化环境因素之一，体现着城市历史文化和精神风貌，是城市形象的表现体。根据《秦皇岛市城市总体规划（2001—2020 年）》，秦皇岛的城市定位为：我国著名的滨海旅游、休闲、度假胜地，环渤海地区重要的综合性港口城市。

秦皇岛的城市性质与发展定位在交通地名中有充分体现，尤其"海""港"等关键字在地名专名选字组词中广泛应用。在城市规划期间命名的道路中，龙港路、港锋街、西港路、秦海路、北港大街、港山大街、海一路、海三路、滨海（一至三）路等均体现了秦皇岛滨海港口城市的形象定位。

二、地名景观与城市功能

区域的功能定位是影响地名系列区块划分和命名采词选择的内在要素。根据《秦皇岛市城市总体规划（2001—2020 年）》，秦皇岛海港组团是国家重要的能源枢纽港之一，以高新技术产业、临港工业、物流和现代服务业为主导的城市功能综合区。它的职能定位是：外向型经济的现代化港口工业城市，全市政治、经济、文化中心。北戴河组团为国际商务会议中心，生态型、园林式、国际性旅游休闲度假胜地。它的职能定位是：中央暑期办公地，又是避暑休疗养、旅游为主的海滨风景城镇。山海关组团是国家历史文化名城，它的职能定位是：重要的铁路枢纽，旅游休闲度假胜地，现代制造和临港工业基地。

地名景观是在一定区域范围内，群体地名的通名或专名集中表现出来的某些方面一致性所形成的地名群体现象。从地名专名采词的客观情况来看，海港区秦皇大街、燕山大街、龙港路、港锋街、西港路、北港大街等地名，突出海港组团文化展现和对外交往职能；北戴河区滨海（一至三）路等地名重点突出海洋元素和滨海职能；山海关区东水关大街、关城南（东、西、北）路等地名围绕"关""城"元素，突出了名城旅游职能。

三、通名等级与城市路网

　　地名的通名是地理实体类别属性的标志，是地名中能使人们正确识别地物的重要成分，是一条完整的地名所不可缺少的组成部分。为准确反映复杂多变的现代城市环境，通名体系应遵从层次化原则，与地理实体的等级和规模相适应。根据《秦皇岛市城市总体规划（2001—2020年）》，秦皇岛的城市道路网络分为快速路、主干路、次干路和支路四个等级，其中，快速路承担组团间长距离出行，强调大运量、快速，服务对象以汽车为主；主干路承担组团间和组团内的中长距离出行，服务于多种交通方式；次干路作为组团内部服务性道路，是快速路和主干路的交通集散道路；支路是小区交通进入干道网络的通路。

　　与城市道路等级相对应，道路地名往往通过"大道""大街"，"路""街"，"巷""弄"等不同的通名来表示城市道路层级。道路类型与通名的对应关系通常如下：高速公路—高速公路，简称"高速"；公路（含国道、省道、县道）—公路；快速路—快速干线，简称"快线"；主干道—大道；次干道—路（必要时，可为"街"）；支路—街（必要时，可为"路"）；支路以下级别的—巷（或里）。从规划期间命名的道路名称来看，虽然存在个别混乱，如南园大街、东水关大街、鼓楼南（北、西、东）大街使用了高于道路级别的通名，而如栗小道这类又使用了低于道路级别的通名，但就整体而言，这些城市道路通名大多符合规划标准，尤其燕山大街、秦皇大街、北港大街、港山大街等城市主干道的通名更是突出了秦皇岛城市道路等级格局。

四、地名体系与城市发展

　　城市规划是从整体布局考虑路网分布，而道路名称是呈片段式分布。从规划范围的整体、全局提高地名的层次性和系列化水平，是地名管理的重要使命。在已有地名网络中增加新的名称（或者进行名称调整），要立足于整体、全局的基本引导和控制，注重与原地名网络的协调，通过新增地名，形成或加强地名网络的特点或规律性。

　　秦皇岛有许多道路街巷地名在命名时，从空间上整体考虑道路走向，采取专名不变，加序数词、方位词等方式，既利于城市整体表达，又为后续命名留有空间。例如，秦皇岛市北戴河区北一路（命名于2003年）、北三路（命名于2005年）、北五路（命名于2004年）、北六路（命名于2001年），虽然建成命名年代不同，却与1986年命名的北二路和1986年命名的北四路形成地名序列，均起着连接联峰路和联峰北路的作用，以联峰路为起点，自东向西呈数字序列分布，指位清晰，易记，好找。相似命名方式的还有：海一路、海三路，与规划前海二路形成序列；滨海（一至三）路；金（一至三）路；纬（三至五）路；新兴（一、二）街等。

标识部分

第十一章　城市标识系统概述及研究内容界定

一、城市标识系统与地名

　　城市标识系统，因为具有导向作用，又称城市标识导向系统，是将地理环境信息运用系统化手段转化为图像信息的视觉化语言，用简单和快捷的方式最优地传达一定区域范围内地理环境的相关信息，从而使人们正确地识别目的地并对周围环境做出准备的判断和反应。标识导向系统，顾名思义，由"标—识—导向"三个方面构成。"标"即系统本身的标明和指代的作用，即用简单的图像语言表明环境内容，属于客观的环境范围；"识"的意义是"识别""认识"，这一部分是指受众对客观环境的了解，是一个主观认知的过程；"导向"是指系统对地理实体位置的指向，以辅助受众在了解地理实体名称信息之后能够作出正确的行为判断。[①]

　　道路名称、旅游景区名称、公共设施名称等地名元素是城市标识导向系统的核心组成要素，从而使城市标识导向系统成为地名空间应用和表达的重要现实载体。从单体标志版面信息来看，地名是版面信息中的核心组成部分。地名的正确规范与否，直接影响标志的有效性。地名、道路线型、指向、指距等信息共同完成面向人群的"标—识—导向"的信息传达与服务功能。而从标志的组合指路功能来看，驾车通过道路交叉口时，人们需要通过预告、告知、确认三种标识上的地名信息来完整地接受指路信息服务。地名信息不仅是单体标识版面的核心信息，同时也是标识导向信息链中的核心组成部分。因此，考察城市标识导向系统中的地名表达以及地名标识系统与其他标识系统之间的融合关系十分必要。

---

　　① 朱钟炎、于文汇：《城市标识系统规划与设计》，中国建筑工业出版社，2015 年版。

前方通达的道路或
地点

地理方向信息

左、右方向通达的
道路或地点

前方交叉道路

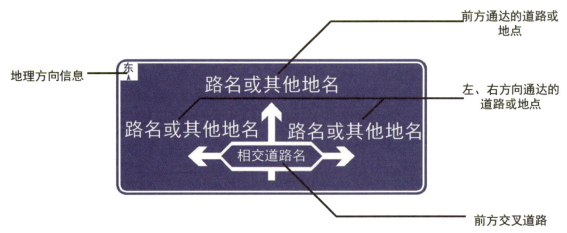

图 11-1　指路标志版面信息

图 11-2　北京交通标志

图 11-3　北京地名标志

二、研究内容界定

　　在城市标识导向系统中，地名、交通和旅游三种子系统是最重要主体，使用频度也最高。因此，本部分内容以这三种标识导向系统为主要分析对象。从地名视角，围绕"标—识—导向"三个核心服务功能，从单体标志信息的准确性和标识系统导向链有效性两个维度去分析地名在标识导向系统中的应用。单体标志信息准确性以三种标识系统的标识版面分析为主，重点关注标识信息的准确性和规范性；标识系统导向链有效性主要从空间设置角度对标识设置数量、类型组合和相互协调性等方面进行分析。需要说明的是，本部分内容从整体层面称城市标识，从各专业系统的角度，按习惯单独称交通标志、旅游标志和地名标志。另外，标志中的罗马字母拼写、外文译写等问题不是本次研究关注的重点。

第十二章　城市标识系统现状、问题与原因

一、调研概述

调研对象主要涵盖了研究区域外围的主要高速公路出入口、高速公路与城市的连接道路、旅游特色道路，研究区域内部的主干路、次干路、支路等不同等级道路，具有城市形象意义的市（区）政府、火车站、长途客运站、文体中心、商业街区、风景名胜区等重点区域。调研采用沿路考察、现场判读标识的工作方法，采用图片和文字两种形式记录标识特征，并对问题点进行定位记录。

调研重点考察三个方面的内容：一是了解地名在城市标识中的使用情况；二是掌握不同标志之间的关联程度；三是明确各类标识在设计、设置等方面存在的问题。

表12-1　问题点分布情况统计表

分区＼分类	城市出入口	连接道路	市内道路	特色道路	重要节点	景区周边	综合	合计
海港区	5	8	7	2	2	1	0	25
山海关区	0	6	2	3	7	4	0	22
北戴河区	0	7	5	1	3	4	0	20
北戴河新区	0	0	0	0	0	0	4	4
秦皇岛经济技术开发区东区	0	0	0	0	0	0	1	1
合计	5	21	14	6	12	9	5	72

注：北戴河新区和秦皇岛经济技术开发区东区由于尚未形成完善的路名规划，交通、地名、旅游等各类标识均处于尚未建设或正在建设中，因此问题统计在综合一项中。

调研总行程370多千米，记录近百个问题点。根据位置特征和复杂程度等因素，最终整理形成7个类别72个具有代表性的节点，作为精准提升的分析示例。

二、存在的问题

城市标识系统在标识系统设置层面，主要考察城市标识类型、设立位置、标识数量以及标识之间关系等四个主要内容。存在的问题主要包括以下几个方面。

（一）设置类型不全

1. 标识覆盖不全

海港区的海阳路、北戴河区的东海滩路和海北路等全线没有地名标志（图 12-1 所示）。在北戴河新区和开发区已开发用地内一些地名标识和交通标识缺失。例如开发区东区云南南路和上海道交叉口在扩建前就没有任何标识，扩建后已经通车使用，仍然没有增加相应交通标志和地名标志（图 12-2 所示）。

图 12-1　海港区海阳路某路口

图 12-2　开发区东区云南南路和上海道交叉口

2. 城市中心区域缺少综合信息标识

海港区是全市政治、经济、文化各项设施集中分布的区域。市民广场、体育中心、特色公园等丰富了市民生活，同时也成为区域性地标。但在城市中心区域，这些区域性地标名称在城市标识上较少出现，不利于游客对秦皇岛城市生活的融入和对城市印象的构建。

3.预告类标识严重不足

在城市入口、快速路、主干路和次干路等岔路和交叉口前，以及主要立交桥等地段都缺少提醒距离的预告类标识，导致车辆行驶至路口时产生迷茫和误判。例如由东山路西口向西需右转才能进入南山立交桥，但是在东山路并没有预告标识；同样，河滨路连接滨海大道的山东堡立交桥也缺少预告标识。以图12-3所示的G1高速公路东出口与城市主干路相交路口为例，节点位于海港区G1高速公路东出口，向南进入"秦皇岛"方向的第一个主要路口前，并没有设立预告信息，当看到告知信息时车辆已经驶入交叉口。

图 12-3 　G1 高速公路东出口与城市主干路相交路口

4.旅游热门区域缺少门牌标志

北戴河区东经路一带是围绕老虎石海上公园和海滨服务发展起来的旅游热门区域，分布着众多的民宿、餐饮等设施，但该区域长期没有门牌标识，一旦发生紧急救援等情况，对于游客而言没有可信标识用来描述所在地点，这种情况为旅游发展留下了很多隐患，也不利于突发事件的处置。

（二）设置数量不足

按照相关规范和标准，地名标志应设置在街的起止点、中间主要岔路口；无交叉路段宜每隔 500 米设置 1 个地名标志；城市繁华的无交叉路段宜每隔 300 米设置 1 个地名标志。秦皇岛由沿海分布的三个城区构成，因此沿海岸线方向分布着重要的城市主干路，这些主干路都比较长，还有一些通往景区旅游特色道路，线路跨度也很大。在这些较长的道路上现有标识设施数量严重不足。以滨海大道和老龙头路为例，地名标志的间隔距离在 1 千米以上。

（三）设置位置不当

1. 交通标志位置不当

如图 12-4 所示，山海关区通往老龙头景区的老龙头路南端，距离 T 型路口不到 50 米的距离，先出现"行车方向指示标志"然后是"指路标志"，两块标识牌距离不足 20 米，驾驶员在这么短的距离几乎无法及时辨认信息。

图 12-4　老龙头路上邻近两处标识相互遮挡

2. 地名标志位置不当

地名标志设于绿化带内。秦皇岛城市发展需要道路不断拓宽，城市道路多采用两块板和三块板断面，因此道路内有绿化隔离带用地，目前这种道路的地名标志一般都设立在绿化带内，如迎宾路、秦皇西大街、老龙头路、滨海大道等主干道（图 12-5 所示）。这种 2 米左右高度的标识设立在绿化隔离带内几乎起不到指示道路的作用，驾驶员驾车过程中，根本无法注意和识别这些标识上的路名，人行道上的行人因与这种标识有一定距离而不方便发现和判读。

图 12-5　地名标志设置在绿化带内

地名标志远离行人空间。民政行业标准规定，地名标志采取交叉悬臂式设置时，设置位置宜在道路转角处。以八一街（图12-6所示）为例，街道西端与迎宾路相交，两条道路的交叉悬臂式地名标志远离迎宾路行人空间，指示作用被削弱。

图12-6　迎宾路与八一街交叉口标识位置偏离

（四）不同标识相互干扰

1.同架标识过多形成判读干扰

同架标识信息混乱，中间和右侧道路标识版面信息过多，排版过密，没有充分考虑车速与文字大小和信息量的关系，不便于快速获取信息（图12-7所示）。特别是文字过多，过度拥挤带来"阅读困难"，不易快速识别（图12-8所示）。同时这类标志没有做到版面尺寸相同，不能实现模块化，不便于识别和日常维护。

图12-7　兴凯湖路与宁海大道相交处立交桥（由南向北）

图12-8　海港边防派出所附近道路东侧

2.同类信息的不同类型标识形成判读干扰

山海关区老龙头路上两处标识（图12-9所示）。旅游类标识应采用旅游标识专用棕色，同一位置两种颜色表达同一信息属于重复浪费，同时相差不足100米的两个标识关于距离信息的表述相差巨大，给判读造成困扰，降低标识的可信度。

图 12-9 山海关区老龙头路上的两处邻近标识

3. 广告模仿交通标志形成干扰

广告标牌等非公益标识在形式和颜色上与交通标识相似，版面尺寸过大，在旅游特色道路上出现的数量过多，造成信息干扰（图 12-10 所示）。

图 12-10 滨海大道上的广告信息

三、城市标识系统的版面分析

标识系统的版面分析主要从城市标识的图形是否标准、文字信息表达是否准确、信息更新是否及时以及标识表达方式是否符合简约明快等方面予以考察，存在的问题如下。

（一）地名信息错误

山海关区、开发区东区、北戴河新区近年来发展速度较快，存在地名规划相对滞后或规划已完成但公示和公布滞后的现象，导致交通标志就以城市规划方案的临时路名或开发地块的宣传名称命名道路的情况出现。例如山海关区的"滨河路""山开一号路"（图 12-11 所示），北戴河新区的"南娱大道"等。同时还存在一路多名的情况，例如北戴河新区的昌黄路也叫向海大道等。

（二）地名信息缺失

当前秦皇岛市存在大量缺少地名信息的交通标志。山海关区泰昌路浙江北路路口处标识不能说明道路的具体指向（如图 12-12 所示）。山海关飞机场路交通标识指向不明（图 12-13，图 12-14）。

图 12-11　山海关区带有"山开一号路"
"滨河路"的交通标志

注："山开一号路"是未经批准的城市规划临时名称，而"滨河路"根据地名规划应为"泰昌路"。

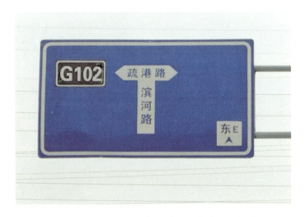

图 12-12　山海关区泰昌路浙江北路
路口处交通标志

图 12-13　山海关区飞机场路黄金庄村
路口交通标志

注：标识所在位置向南直行应标为秦皇岛机场，右转前方与龙海大道相交，该标识都未能明确表达。

图 12-14　山海关区飞机场路交通标志

注：图 2-13 与图 2-14 是飞机场路上相距 1.3 千米的两个标识，都存在目的地不明、路名不清晰的问题，该道路为秦皇岛机场唯一出口道路。

（三）标识符号存在歧义

1. 交通标志指示符号使用不当

海港区河滨路与滨河大道相接处的山东堡立交桥（图 12-15 所示），由河滨路向西行驶去往海港区方向需继续向西直行，而标志指示箭头指向左转。

图 12-15　海港区山东堡立交桥东

2. 重要交通节点的环岛形状错误、标志缺失

北戴河区京哈高速北戴河支线东端连接联峰北路等多条道路交会处建有环岛。同一个环岛出现两种不同环岛图例（图 12-16），且版面布局和地名方位信息错误。

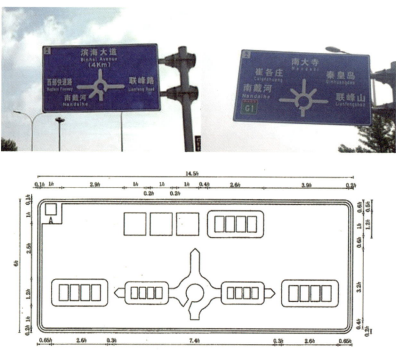

图 12-16　联峰北路西端环岛标识与规范环岛标识图例对比

山海关区城关东路、长城西路、上海道三条道路交会于一处环岛，但各方向路口都没有设立环岛标识（图 12-17 所示）。

图 12-17　山海关区一环岛周边没有环岛标识

（四）地名信息指代不明

1. "秦皇岛""市区""海港区"混用

秦皇岛市行政区划不断发展变化，原来的"城区""市区"等概念也随之不断变化。在不同标识中，"海港区"被"秦皇岛""市区""海港区"三种不同方式指代（图 12-18、12-19 所示），因此有必要对"海港区"在名称上进行统一。建议结合实际地名知晓度，统一采用"秦皇岛（海港区）"写法，满足外来游客和本地民众使用需要，以免出现歧义。

图 12-18　"海港区""秦皇岛""市区"在城市标识中同时出现

图 12-19　兴凯湖路与宁海大道相交立交桥（北—南方向）

2. "海滨"的景区与地名含义不清

在北戴河区交通标志中出现"海滨"信息。如图 12-20 所示，该信息既不符合地名描述，也不是旅游景区名称。

图 12-20 京哈高速北戴河支线交通标志

注："海滨"到底是景区（COAST），还是海滨镇？

（五）表达形式杂乱

1. 同类标识样式不统一

不同时期设立的地名标志同时存在，如图 12-21 左图中标志设立较早，信息量大，信息层次选择存在问题；右图所示新设立的地名标志，位于道路中间绿化隔离带内，夏季树木枝叶会遮挡标识，字体较小不容易辨识。新旧标识样式应保持统一，避免出现杂乱无序的情况。

图 12-21 北戴河区滨海大道上路名标识

2. 个性化导向标志作用欠佳

在北戴河区、北戴河新区（图 12-22 所示）、开发区（图 12-23 所示）等集中开发建设的区域存在一些个性化导向标志，出发点和立意很好，但标志版面颜色鲜艳、材质多样，从其设立的位置和标识信息内容上来看不便于市民和游人使用，形式上难以衬托城市品位，有较大提升空间。

图 12-22　北戴河、北戴河新区个性化导向标志

图 12-23　开发区道路绿化带内的个性化导向标志

四、城市标识系统问题成因

（一）标准空悬，规划滞后

1. 国标、行业标准执行不够

国家规范标准是城市标识建设的基本标尺。国标分为强制性标准和推荐性标准。达到强制性标准是各类标识建设的基本要求。有条件的地方在完成国标强制性标准的前提下，再针对自身特点执行和完善推荐性标准，也可以编制符合地方发展要求的地方标准。城市标识作为一个系统工程，除了要满足地名、交通、旅游标识的各自国家标准外，还应加强各类标识之间的协

调整合，突出地方特色和问题导向，体现出执行层面的超前性。以长三角为例，为构筑长三角地区无障碍旅游区、提升区域整体旅游形象，完善旅游服务功能，长三角区域经济协调办公室组织编制了《主要旅游景区(点)道路交通指引标志设置规范》，经由江、浙、沪两省一市质监、旅游、公安、道路交通等部门的联合审定，以地方标准形式分别发布。规范针对长三角地区独特因素具有较强的可操作性，后经多次修订以适应不断发生的变化要求。

目前秦皇岛城市标识存在的问题，很大一部分原因是自身规范标准的缺失和对国家标准执行不到位。未来标识系统建设应在达到国家标准基础上，结合秦皇岛自身实际，尽快出台地方标准。

2. 标识规划相对滞后

规划是龙头，也是管理的重要依据。城市标识规划应与城市规划、道路交通规划、旅游规划、地名规划同步进行，以便于各规划实施与管理部门统筹协调。未来秦皇岛的标识管理工作应加强规划引领与部门统筹，通过道路交通标识系统将城市特色文化、人文景观、城市标志等充分展示出来，提升标识建设工作的前瞻性、引导性、专业性与主动性，为市民及外来者提供清晰的城市印象，打造个性化的城市品牌。

（二）多头管理，缺少统筹

不同功能的城市标识由交通运输、公安、城市管理、民政、旅游等多部门参与审批、设立和管理，对形成一个有效整合的标识系统带来了很大难度。各部门对国家标准、法规、规划等判读结论不同，导致执行结果参差不齐，技术尺度把握不一。在不同部门的日常管理工作中，对标识的重视程度也存在不同。

单一标识的规划、设计、审批、设立、管理各个工作环节也是有多个部门参与，由于难以统筹过程，最终可能导致标识难以起到相应作用。以地名标志的设立为例，管理部门就有市民政局、区民政局、开发区管委会等，设立位置的审批须经城市管理部门，同时还要涉及绿化园林部门。在开发区经常看到民政局和管委会分别设立的两种标识"并肩而立"的情况。

2011年，北京市市政市容委发布《北京市"十二五"时期城乡市容环境建设规划》，明确提出北京市将在五年内建设城市标识系统，统筹和完善地名标志、交通标志和人行导向标志三大系统构成的城市标识体系。提出在机场、火车站、长途车站、公交地铁换乘点、旅游景区、繁华商业区等人流密集区域建设百个人行导向重点工程，为构建全市完善的人行导向系统奠定基础。经过多年的实践，北京市城市标识系统的使用与管理水平得到了显著的提升。

（三）投入有限，事多钱少

地名标志建设属于公共服务领域，从设计、施工到管理都需要资金投入，同时还存在后续的维护和更新等问题。在我国多数省份已经将地名标志建设向乡村全面推进之时，北方部分地区受制于财政支撑不足、资金投入有限，仍停留在城市地名标志的完善层面。有些地方采取"TBT"模式，引入社会资金更新地名标志，但也存在标志信息很难把控的问题。加大财政投入是解决这一问题的正源。因此，建立长效机制、解决政府财政投入难题、提供可持续的资金来源，是秦皇岛市城市标识系统建设急需解决的重要难题。

（四）人员不足，难以应付

随着城市发展不断加快，城市标识系统面临的问题和需求也层出不穷，相应地技术解决手段也不断涌现。这就要求有足够的专业技术人员来实现问题需求与解决方案之间的对接。现有城市标识的相关管理部门，尤其是基层一线部门，存在专业技术人员数量不足，技术力量青黄不接、知识结构老化等问题。未来应加强人力人才的供给，加强人员的专业技能培训，构建专业化队伍，同时要借智借力，发挥外脑作用，以应对新的挑战。

第十三章　城市标识系统提升的目标与原则

一、城市标识系统提升的目标

秦皇岛城市标识系统建设的目标是，为不同使用者提供清晰、明确、快速、顺利到达目的地秦皇岛的标识指向环境，构建具有地名信息明确、图示内容清晰、导向结构规范、设置位置合理等特征的城市标识，凸显城市山、海、城、港等多重文化底蕴，服务个性化城市形象的塑造。

二、城市标识系统提升的原则

（一）功能原则

功能原则也就是实用性原则，要求城市标识导向系统以满足使用者的要求为初衷。城市标识导向系统在满足准确、简洁、易读、足够的信息量等设计要求外，还应该考虑使用者的差别，如市民和外来旅游人群对标识的依赖程度就存在着很大差别，对于后者来说，城市标识上出现目的地能带来一种安全感和成就感。因此增强标识导向关系，强化联系性，能帮助使用者（特别是首次使用者）形成一个鲜明的城市印象，构建清晰的城市格局。

（二）规范原则

城市标识导向系统的设计及实施过程应以遵守国家标准和行业标准为基本要求。城市标识导向系统涉及交通标志、地名标志、旅游标志等主要内容，主要相关规范有 GB 5768.2-2009《道路交通标志和标线 第 2 部分：道路交通标志》、GB 51038-2015《城市道路交通标志和标线设置规范》、GB 17733-2008《地名 标志》、MZ/T 054-2014《地名 标志设置规范居民地和行政区域》和 GB/T 10001.2-2006《标志用公共信息图形符号 第 2 部分：旅游休闲符号》，在实施管理中还涉及其他大量的相关规范。今后还需要结合秦皇岛市的地方实际，加快推出有针对性的地方标准与管理办法。

（三）系统原则

系统原则也称为整体性原则，将城市标识作为一个系统，以系统整体目标的优化为准绳，协调系统中各分系统的相互关系，使系统完整平衡、整体有效。这就要求把地名、交通、旅游等各标识子系统有效地协调整合，共同服务于"以人为本"和协同打造城市美好形象的总体目标上来。

（四）安全原则

安全是城市各项建设的底线与红线。城市标识导向系统建设要符合城市救灾安全、行车安全、游客安全、行人安全等不同层次的安全要求。既要考虑秦皇岛市的自然、经济、空间等宏观环境条件的安全需要，也要从类型、位置、密度等设置条件和标识本身的样式、材质、色彩等方面综合考虑，使标识系统更好地服务于城市安全，同时自身不构成安全隐患。

（五）有效原则

有效是指城市标识系统能够发挥有效的作用。城市标识导向系统是在城市中解决"有效标注、有效识别、有效指引"可操作性十分强的系统工程，不是城市的装饰物，因此需要精准的信息、精准的定位和充分的联系。

第十四章　城市标识系统提升路径

一、标识版面提升：完善、修正、规范

（一）完善

标识版面内的地名信息是标识系统的灵魂，准确而全面的地名信息表达才能让标识系统充分发挥作用。地名信息可以划分为道路、区片、交通枢纽、文体旅游、重要地物名称五个方面，详见表14-1。

表14-1　城市地名信息分层表[①]

信息分级	A层信息	B层信息	C层信息
道路	高速公路、国道、快速路	省道、主干路	次干路、支路
区片	重要地区含城市中心区、市政府、大学城区、大型商业区、城市休闲娱乐中心、著名地区等	主要地区含大学、重要商业区、大型文化广场、中型商业区、主要生活居住区等	一般地区含重要街道、一般生活居住区等
交通枢纽	飞机场、特等或一等火车站	二等或三等火车站、长途汽车总站、轮渡码头、大型环岛、大型立交桥、特大桥梁	重要路口
文体旅游	国家级旅游风景区、自然保护区、大型文体设施	省、市级旅游景点，自然保护区，博物馆，文体场馆	县（区）级旅游景点、博物馆、纪念馆、文体中心
重要地物	国家级产业基地、大型城市标志性建筑	省、市级产业基地，市级文化场馆，市级科技园	县（区）级产业基地和企业、县级文化中心

如图14-1所示，"滨海大道""联峰北路""海宁路"为城市主干路，"东经路"为城市次干路，"秦皇岛（海港区）"为秦皇岛中心城区名称，"奥林匹克公园"为文体设施名称，"老虎石"

---

① 来源于GB51038-2015《城市道路交通标志和标线设置规范》表8.1.5，略有修改。

海上公园为旅游景区名称，这些地名构成了该标识所在地理位置的唯一性和功能性。

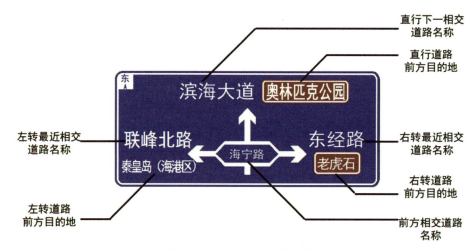

图 14-1 标识的信息构成

标识版面提升的首要工作是根据清晰准确的各项路名信息，完善标识版面信息内容。在城市标识系统构建过程中根据城市发展变化，标识主管部门应及时更新以上五个方面的城市标识信息。建议标识系统内应涵盖的主要类型地名信息如下表所示：

表 14-2 秦皇岛城市标识——路线名称信息表（例表）

信息分级	A 层信息	B 层信息	C 层信息
全市	G1、102 国道、205 国道、西部快速路等	北环西路、北环路、秦山公路、关城南路、北二环、燕塞大道、关城北路、秦皇西大街、秦皇东大街、龙海大道、站南大街、金港大道、滨海大道、河北大街西段、河北大街中段、建设大街等	略
海港区		251 省道、269 省道、048 省道、西环南路、西环北路、海阳路、出海路、东港路、东港北路、西港路、西港北路等	略
北戴河区		364 省道、267 省道、联峰北路、金抚路、海宁路、剑南路等	略
山海关区		266 省道、飞机场路、石河路、老龙头路等	略

表 14-3 秦皇岛城市标识——区片信息表（例表）

信息分级	A 层信息	B 层信息	C 层信息
海港区	秦皇岛文化广场、太阳城	海港区政府、燕山大学、万达广场、华联商厦、秦皇小区、滨海城等	耀振里、吉屋里、燕西里等
北戴河区	秦皇岛市政府	北戴河区政府、石塘路步行街	赤土山新村、碧海新村等
山海关区		山海关区政府	站西街小区、西顺城小区等

表14-4　秦皇岛城市标识——交通枢纽信息表(例表)

信息分级	A层信息	B层信息	C层信息
海港区	秦皇岛火车站	长途客运站、龙腾运通客运站、海港区栗园汽车站、秦皇岛海阳路长途汽车站、秦皇岛—仁川国际客运站、山东堡桥、南大寺桥、汤河大桥等	略
北戴河区		北戴河火车站、北戴河长途客运站、山深线/西部快速路立交桥、戴河大桥	略
山海关区	山海关火车站、秦皇岛机场	山海关长途汽车站、石河大桥、大秦铁路高架桥	略

表14-5　秦皇岛城市标识——文体、旅游信息表(例表)

信息分级	A层信息	B层信息	C层信息
海港区		秦皇求仙入海处、新澳海底世界、秦皇岛野生动物园、秦皇岛植物园、奥林匹克体育中心等	秦皇岛电力博物馆、玻璃博物馆、港口博物馆、古陶瓷博物馆等
北戴河区	北戴河风景名胜区等	联峰山公园、北戴河森林湿地	北戴河博物馆、鸟类博物馆、秦皇岛奥林匹克公园等
山海关区	山海关风景区等	乐岛海洋王国等	

表14-6　秦皇岛城市标识——重要地物信息表(例表)

信息分级	A层信息	B层信息	C层信息
海港区	秦皇岛经济技术开发区、新世纪公园、秦皇岛市人民广场	燕山大学科技园	
北戴河区		秦皇岛高新技术产业开发区	
山海关区	秦皇岛经济技术开发区(东区)		

（二）修　正

修正主要是对于现有错误或指代不明的地名信息加以更正，使其精准清晰。

1.明确同一地名信息用法

如针对"秦皇岛""市区""海港区"等混用和指代不明的问题，应统一为"秦皇岛（海港区）"（图14-2所示）。

图 14-2　统一采用"秦皇岛（海港区）"

2. 更正信息错误用法

图 14-3 中若明确"海滨"是海滨镇，拼写应该为"HAIBIN"，若确定"海滨"是"COAST"，表示的旅游景区的含义，那么应该增加旅游标志规定的棕色底色。

图 14-3　地名的汉字书写与其他拼写不一致

3. 纠正错误路名和一路多名

更新正确的地名，消除和降低错误地名在使用过程中的负面影响。纠正山海关的"滨河路""山开一号路"，北戴河新区的"南娱大道"等地名。对于目前存在的一路多名情况，也要通过法定程序进行更正。

（三）规　范

不同标识的版面内容要符合规范要求。首先要根据标识位置确定标识功能（预告、告知、确认），然后设计要满足规范的信息要求，如表 14-7 所示。

表 14-7　各类标识版面内容

标识类型	文字信息	方向信息	图形信息	距离信息
预告类标识	√	√	√	√
告知类标识	√	√	√	
确认类标识	√	（√）		

注：确认类标识中小区标识、门牌号等不需要有方向信息。

秦皇岛市目前大量的标识因缺少重要信息，而无法发挥作用。如山海关区飞机场路山海关机场处一处标识（图14-4左图所示），没有目的地信息，没有城市路名信息，没有距离信息，成为"三无"标识，无法通过信息作出判断。该标识距离岔路口500米左右，是预告类标识，需要包含四种信息，邻近岔路口增设告知标识需要包含三种信息（图14-4中右边两图所示）。

图14-4　标识规范化设计

二、标识设置提升：分类分级、规范单体、突出重点、统筹协调

（一）分类分级设置

1.分　类

标识分为预告类标识、告知类标识、确认类标识三种。其中预告类标识包括道路指引预告标识、旅游景区指引预告标识。告知类标识包括道路指引告知标识、旅游景区指引告知标识。确认类标识包含道路内的道路名称标识、人行道路名称标识、小区名称标识、门牌号、楼号等标识。

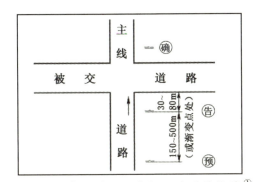

图14-5　交叉路口三类标识的设置位置[①]

① 来源于GB51038-2015《城市道路交通标志和标线设置规范》图8.1.3。

道路指引标识的预告、告知、确认在道路交叉口位置如图 14-5 所示，不同级别道路相交需要设立的标识如表 14-8 所示。

表 14-8　不同交叉路口三类标识的设置[①]

主线道路 ＼ 被交道路	主干路	次干路	支路
主干路	（预）、告、确	（预）、告、确	告、确
次干路	（预）、告、确	（预）、告、确	告、确
支路	告、确	告、确	告、确

注：（　）中为可根据需要设置的标识。

旅游景区预告标识设置在距离景区 500 米以外，500 米以内设置告知标识。

2. 分级设置

城市道路信息按交叉道路的等级，在预告、告知两类标识中的分级设置，如表 14-9 所示。

表 14-9　道路交叉口预告标识和告知标识信息要素选择配置表[②]

道路等级 ＼ 标志所在位置	主线道路	被交道路		
		主干路	次干路	支路
主干路	（A 层）、B 层、C 层	（A 层）、B 层、C 层	（A 层）、B 层、C 层	（B 层）、C 层
次干路	（A 层）、B 层、C 层	（A 层）、B 层、C 层	（A 层）、B 层、C 层	（B 层）、C 层
支路	（B 层）、C 层	（A 层）、B 层、C 层	（A 层）、B 层、C 层	（B 层）、C 层

注：1. 表中不带括号的为优先选择信息；带括号的适用于无优先信息，可根据需要作为选择的信息。2. 当接近首选信息所指示的地点时，该信息作为第一个信息。如需选取第二个，则仍按本表的顺序筛选。

（二）规范单体标识位置

交通告知类标识设立在距离岔路或交叉路口上游的 150—500 米范围内，旅游预告标识设立在距离景区 500 米范围以外，旅游景区告知类标识设立在距离景区 500 米范围以内。

确认类路名标牌的位置。在机动车道路内应设置在交叉口进口道人行道边，非机分隔带或主辅分隔带可结合具体情况增设路名标识，街道名称标识宜设置在交叉口下游 30—100 米。人行道上的路名标牌，要接近行人步行空间，醒目明晰，不应该有遮挡。

---

① 来源于 GB51038-2015《城市道路交通标志和标线设置规范》表 8.1.3。
② 来源于 GB51038-2015《城市道路交通标志和标线设置规范》表 8.1.6。

（三）加快缺失区的标识建设

大力推进没有全面覆盖地名标志、楼门牌等区域的标识建设；依据规范要求按照每300—500米一处密度设置和补齐城市主干路的地名标志；在条件成熟时，标识系统实现全域和城乡均覆盖。

（四）加强重点地区标识建设

本次项目调研涉及的主要区域为城市出入口、城区与高速联络线、城市内主次干路、特色道路、景区周边道路、市中心区等，这些区域拥有大量的人流和车流，也是"城市道路信息"表中A层和B层"路名信息"和"地名信息"的所在地。这些重点地区是构建"城市意象"和标识导向信息流的核心节点。应着重加强这些重点区域的标识导向系统建设，需要按照规范要求完善这些区域的城市标识建设，在景区、城市中心区、文体场馆、市民广场、商业中心等区域增设有区域特点标识，彰显秦皇岛城市特色。

（五）统筹协调

1. 地名、旅游、交通子标识系统之间的协调

地名标志、旅游标志、交通标志是城市标识系统三个不可分割的组成部分。虽然三个系统分头管理，但对于使用者而言却是一个整体。因此，有必要从"以人为本"和"用户思维"角度加强三个系统的统筹协调。首先是设计层面的信息协调，加强规划与设计的对接与沟通；其次是管理协调。各部门应以规范（国标和地方）为工作准则，对三个标识系统不协调之处进行整改，统一审批和审定出口，并确定有效的纠错机制。

2. 标识系统与广告标牌之间的协调

标识系统是公益范畴，广告标牌是商业范畴。过多的广告标牌侵占了公益空间，严重影响了标识导向系统的有效性。可以考虑禁止车行道出现广告标牌，同时开放其他渠道布置商业性质广告，并控制好体量和数量。

3. 新旧标识系统之间的协调

新标识的设置原则是：优先填补空白区域标识，其次是更新错误信息标识，对于可以发挥作用的旧标识，在资金投入不到位的前提下，保留继续使用。对于颜色突兀、造型陈旧、材质破损或锈蚀严重的个性标识应及时清除。

三、典型线路标识系统意向示例

按照前文所述目标和原则，进行三条典型线路标识系统的示意性设计。设计示例中，重点突出分级分类、重点地区呈现和版面信息规范等几个方面。

（一）三条线路标识中地名信息分级分类

表14-10　三条示例线路路名和地名信息与标识分类

线路编号	起点	终点	信息分级	路名和地名信息分类					标识类型
				道路	地区名称	交通枢纽	文体旅游	重要地物	
1	北戴河火车站	老虎石海上公园	A层	G1北戴河支线	秦皇岛（海港区）		老虎石海上公园、鸽子窝公园		道路预告标识 旅游预告标识 道路告知标识 旅游告知标识 道路确认标识
			B层	站南大街、海宁路	石塘路步行街	北戴河火车站	奥林匹克公园、联峰山公园		
			C层	海北路、剑秋路、联峰路、保二路	乔庄、费石庄		集发生态休闲乐园		
2	G1高速公路东出口	燕西里小区	A层	G102	秦皇岛（海港区）、山海关区	秦皇岛火车站	老龙头景区	经济技术开发区	道路预告标识 道路告知标识 道路确认标识 地名标志 门牌号 小区楼号 单元号
			B层	东港路、秦皇东大街、迎宾路			求仙入海处、新世纪公园、市民广场		
			C层	八一街					
3	秦皇岛机场	秦皇国际大酒店	A层		秦皇岛（海港区）、山海关区	秦皇岛机场、山海关火车站、秦皇岛火车站	老龙头景区	经济技术开发区	道路预告标识 道路告知标识 道路确认标识 地名标志 门牌号 综合信息标识
			B层	飞机场路、秦皇东大街、东港路、河北大街东段		大秦铁路高架桥	求仙入海处、野生动物园、新澳海底世界、新世纪公园、奥体中心		
			C层	文体路、岭前路、文涛路				中国足球学校、秦皇国际大酒店	

（二）北戴河火车站—老虎石海上公园

目的地特征：北戴河标志性风景名胜区。

如图 14-6 所示，线路从北戴河火车站出发，沿路经过省道、高速公路支线、城市主干路、次干路、支路、立交桥、交通环岛、村庄、旅游景区、商业街区等，最终抵达目的地风景区。

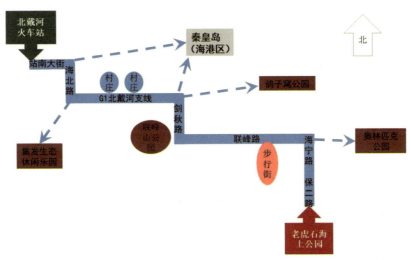

图 14-6　北戴河火车站—老虎石海上公园线路结构与重点信息

在道路路口区域指引标识，标识版面内容应由路名、目的地、方向、距离等信息构成，线路通过明确的预告、告知、确认标识将全程形成指引系统。

重要位置增设旅游景区预告标识和景区位置告知标识，旅游景区的个性化图标需要根据景区特点单独设计，突出旅游标识的可识别性。

图 14-7　北戴河火车站—老虎石海上公园沿线城市标识示意

（三）G1 高速公路东出口—燕西里小区

目的地特征：秦皇东大街转入迎宾路，火车站方向。

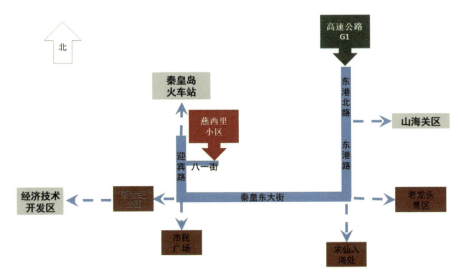

图 14-8　G1 高速公路东出口—燕西里小区线路结构与重点信息

如图 14-8 所示，从高速公路出口经城市外围道路，进入城市中心区，抵达居住区。在引导标识中增加确认类标识中的路名标识、小区标识、楼牌标识等。

图 14-9 G1 高速公路东出口—燕西里小区沿线城市标识示意

（四）秦皇岛机场—秦皇国际大酒店

目的地特征：河北大街，奥体中心方向。

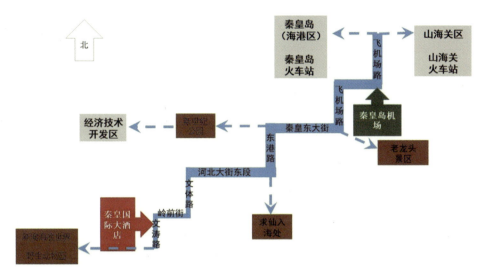

图 14-10　秦皇岛机场—秦皇国际大酒店线路结构与重点信息

如图 14-10 所示，经过飞机场路、联系城区的城市主干道，进入主城区前往城市某一片区。在引导标识中增加确认类标识中的综合信息标识、门牌号标识。

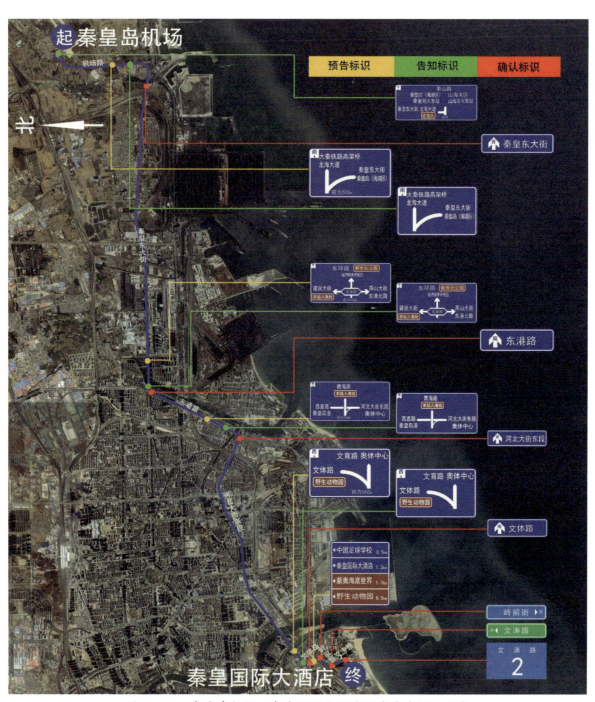

图 14-11　秦皇岛机场—秦皇国际大酒店沿线城市标识示意

建议部分

第十五章　地名与城市标识提升政策方面建议

完善、稳定的管理体制和协调、有序的运作机制是做好地名工作和城市标识工作的重要基础，是推进地名工作依法行政的重要保障，是相关管理工作顶层设计的四梁八柱。针对秦皇岛当前工作实际，政策方面总的建议是，成立地名委员会、地名专家咨询委员会，出台地名管理办法、城市标识管理办法，制定地名管理实施细则。在顶层设计上形成"两会两办法一细则"的 221 总体布局，通过"三个强化"来实现"三个约束"：一是通过强化专家咨询委员会的作用来约束各级行政干预，防止随意决策；二是强化地名与城市标识集中统一管理，约束各区县组团各自为政；三是强化地名标识统一规划、制作和管理，约束不同部门不作为或乱作为。

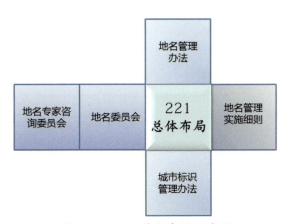

图 15-1　221 总体布局示意图

一、成立秦皇岛市地名委员会

完善秦皇岛市地名管理领导体制和组织体系，一方面进一步明确牵头部门的主体责任，保证地名主管部门在地名命名更名工作中的行政主体地位；另一方面加强协同管理，通过共同参与、共同履责实现齐抓共管。地名管理工作具有行政性和专业性双重属性，必须由行政主管部门和专业管理部门协同管理。建立地名委员会，形成"主管部门＋协调机构"虚实结合的地名管理组织体系，实现分级管理、部门管理、协同管理一体化。地名委员会主任委员由市领导担任，成员单位包括民政、发改、公安、房管、城乡规划、国土资源、交通运输、城管、质监、邮政、财政、税务、建管、旅游等部门。地名委员会的主要职责是对地名管理的重大问题进行决策、部署和协调，研究、制定地名管理方面的政策措施，决定地名管理相关的重大事项，确定市域范围内的重要地名等。地名委员会办公室设在民政局，主要职责是负责地名常规管理，落实地名委员会工作部署等。

二、成立秦皇岛市地名专家咨询委员会

地名的命名更名工作具有很强的专业性，需要熟悉当地历史、地理、文化等领域的专家、学者共同参与、集思广益。为推进地名管理工作的民主化、科学化，提高地名管理决策质量，成立地名专家咨询委员会，吸收对地名工作有热情、有认识、有想法、有作为的社会人士参加，在地名命名更名和政策制定等方面发挥顾问、咨询作用。确定专家咨询委员会主要职责、组织机构、遴选程序、活动方式、管理制度、保障措施等。地名专家咨询委员会要把好入口关和出口关。把好入口关，是要对咨询委员会的专家人选进行严格把关，确保专家委员具有广泛的学术代表性，对地名理论和地名各项工作具有较深的研究，保证咨询委员会工作质量；把好出口关，是要对专家咨询委员会的咨询论证意见严格把关，确保咨询意见科学，为行政决策提供有效支撑。

三、制定秦皇岛市地名管理办法

依法行政是地名工作持续、健康发展的重要保障，建立、健全地名管理法规是依法行政的必要前提。立足本地实际，结合国家、河北省相关法规，借鉴其他地方经验，出台秦皇岛市地名管理办法，对地名工作开展过程中的根本性、全局性、长远性问题作出规定，为地名工作开展提供基础、全面的制度保障，确保地名工作运行在法治轨道上。地名管理办法中需要重点明确以下几个问题：地名管理的范围、地名管理机构和责任划分、地名管理程序、标准地名发布与使用、地名文化保护、地名标志设置和奖惩措施等。

四、制定秦皇岛市标识管理办法

目前，城市标识的主要类型——交通标志、旅游标志和地名标志都有相关国家和行业标准，具体规定了标志的形制、内容等要素。但从城市管理的层面来看，缺乏城市标识相关部门责任的划分，出现今天这个部门设标志，明天那个部门拆标志的拉锁现象，甚至出现街道上的标志不知道是哪个职能部门设置的情况，同类信息标志重复设置的情况更是常见。一方面造成城市资源浪费，另一方面公共信息有效供给不足。需要从城市管理全局的角度，进一步明确相关部门的主体责任和协同义务，规范城市标识设置流程，服务于空间指位、渠化交通和地域文化展示。

五、制定秦皇岛市地名管理实施细则

以地名管理办法为依据、以地名委员会管理模式为基础，细化、明确各相关职能部门之间的责任和运转方式、运转流程；细化、明确各类地名的审批、备案权限和申报流程；明确重要类型地名的命名原则、指导意见和指标要求，给出命名负面清单。

第十六章　地名与城市标识提升文化方面建议

　　地名文化作为秦皇岛地域文化的重要组成和体现，是秦皇岛历史文化、民风民情、风俗习惯的一种综合性的社会记忆，它不仅具有地理标识意义，而且也展现了秦皇岛地方特色，传播着秦皇岛文化的气韵。在当前城市快速发展过程中，尤其应当注重处理好地名文化保护与城市建设的关系，防止有历史意义和文化底蕴的老地名的流失，延续地名文脉，体现地域特色。本章文化方面建议主要从原有地名保护和未来地名发展两个维度展开：一是优秀地名文化的保护利用，旨在挖掘有价值的老地名，继承和弘扬优秀传统文化和地方文化；二是均衡地名采词，旨在以现有地名整体特色为基础为未来地名命名提供预案，尤其在地名采词方面结合当地民众的文化喜好及文化需求来规划设计。

一、优秀地名文化的保护利用

　　为保护秦皇岛优秀地名文化资源，做好地名与文化资源的结合，体现秦皇岛的地区特色，促进当地地名文化发展繁荣，更好地传承弘扬中华优秀传统文化和地方文化，建议深入开展地名文化保护及利用工作，参照《民政部关于加强地名文化保护的意见》（民发〔2012〕106号）、《全国地名文化遗产保护工作实施方案》（民发〔2012〕117号）、《民政部关于进一步加强地名文化遗产保护工作的通知》（民函〔2016〕344号）等文件的要求，在全市范围深入开展地名文化资源调查，编制、实施《秦皇岛地名文化保护规划》，挖掘有价值的老地名，建立《秦皇岛地名文化遗产名录》，加强地名文化传承和管理，深化地名文化研究，建立健全地名文化保护工作机制。目前我国很多城市已经制定了符合当地特色的地名文化遗产保护制度和保护名录，如苏州市政府于2014年公布的《苏州市区第一批吴文化地名保护名录》。

　　秦皇岛建成区，特别是山海关、北戴河区域城市建设历史悠久，拥有大量历史地名，这些地名的形成有着特定背景，承载着历史记忆。当地地名主管部门应结合城市建设发展情况，采取多种措施，保护、利用、弘扬优秀地名资源，使城市文化记忆得到传承。

苏州市人民政府文件

苏府〔2014〕10 号

市政府关于公布苏州市区第一批吴文化地名保护名录的通知

各区人民政府，苏州工业园区、苏州高新区管委会；市各委办局，各直属单位：

根据《苏州市地名管理条例》规定，经过资料收集、推荐表编撰、名录初选、专家审核、社会公示、市地名委员会审核等工作环节，《苏州市区第一批吴文化地名保护名录》（930条）业已确定，现予公布。

苏州市人民政府
2014 年 1 月 29 日

苏州市区第一批吴文化地名保护名录

第一部分 自然地理实体地名

（201条）

一、山（峰、湖岛）

001．穹窿山	002．笠帽峰
003．香山	004．小王山
005．阳山	006．箭阗峰
007．观山	008．鸡笼山
009．彭山	010．树山
011．思顾山	012．平王山
013．大石山	014．严山
015．七子山	016．姑苏山
017．尧峰山	018．上方山
019．吴山岭	020．天平山
021．灵岩山	022．天池山
023．花山	024．焦山
025．金山	026．鼋台山
027．支硎山	028．寒山
029．高景山	030．晨山
031．白鹤山	032．狮子山
033．黄山	034．五峰山
035．虎丘山	036．何山

图 16-1　苏州市区第一批吴文化地名保护名录

（一）加强对历史悠久的单体地名的保护

西顺城街、教军场路、东罗城大街等历史悠久的单体地名，可通过设立彰显其历史、文化的地名标志牌进行保护。也可以本着利用是最好的保护原则，在原单体地名的基础上，派生其他名称，通过增加"繁殖"数量的方式，实现在使用中增强保护的目的。

图 16-2　西顺城街和教军场路

图 16-3　东罗城大街

对于重要的地名文化资源，可通过设置地名保护标志的方式，提升地名文化知晓度，增强社会公众对地名文化的保护意识，为全社会保护地名文化营造良好氛围。

图 16-4　北京"廊坊头条"地名保护标志　　图 16-5　重庆"观音岩"地名保护标志

（二）加强对地名景观（地名群）的保护

北戴河区的城市建设，兴起于清末民初，现存有大量记录不同历史时期城市建设过程的地名群，如"保"字头地名群、"安"字头地名群等（见图 16-16、16-17）。可通过建设地名文化保护区，设立统一地名标志的方式，保持地名、街道、建筑的原貌，形成"三位一体"的保护与管理机制。

图 16-6　"保"字头地名群　　　　图 16-7　"安"字头地名群

（三）加强对体现城市肌理地名的保护

所谓"城市肌理"，是指反映城市生态和自然环境条件的自然系统与体现在城市历史传统、经济文化和科学技术方面的人工系统相互融合、长期作用形成的空间特质，是城市、自然环境与人所共同构筑的整体，如山海关区的关城东路、关城西路、关城南路和关城北路（见图 16-8），它们是环绕山海关古城四面城墙而形成的道路。可从城市道路的角度宣传古城文化，展示古城风貌，提高知名度，保持此类地名的稳定。

（四）恢复部分已消失但有价值的老地名

随着城市建设步伐的加快，大量地名逐渐消失，不再使用，这类地名中，有很多记录了城市发展的历程，是人们乡愁的承载点。因此在对新建道路或其他实体进行命名时，可以根据实际情况，从不再使用的历史地名中选取，进行改造复活。

图16-8　关城环路（图中道路仅标绘山海关古城周围部分）

二、均衡地名采词

地名采词应反映当地历史时期和现实阶段自然、文化、地理等特征，尽可能做到均衡。

秦皇岛建成区在地名采词上各有侧重，海港区的道路在采词中更多体现了海港和秦元素，符合自身特点。为了更好地展现秦皇岛市域历史文化的多样性，在今后进行道路地名规划时，可适度引入"孤竹文化""碣石文化"等，有倾向性地进行地名采词。山海关区作为历史文化区，拥有"历史人文地理实体名称"类型道路地名数量较多。但是也存在道路级别与资源知名度不够匹配的情况，如"天下第一关"属于影响力比较大的资源点，借用于次干路的"第一关路"，地名等级低于资源等级。在今后进行地名命名更名时，可适时调整资源再生地名的级别和尺度。北戴河区道路名称较多地使用"海""港"等蓝色元素，并结合序列词形成了地区特色，但是除了海滨特色外，还有秦行宫遗址、北戴河老别墅群、老虎石等重要资源未引入地名采词。今后开展地名规划时，可参考不同区域在采词上的情况，从当地未采纳但知名度较高的景点名称、古代的"十景"名称以及名人诗词文联中的佳词妙句等重要资源中采词命名道路，丰富地名采词，从而在多层次多角度上更好地符合功能区定位，突出地域文化特色。

第十七章　地名与城市标识提升技术方面建议

技术方面建议本着存量地名相对稳定，着眼未来发展的原则，重点针对未来地名命名，同时适当兼顾存量地名优化，主要内容包括：优化命名资源、地名等级与空间匹配度，增强地名对旅游资源的导入作用，优化地名对城市空间塑造作用，编制地名规划，制定相关地方标准等。

一、建成区道路地名的优化提升

根据调研情况，借助地名普查成果，结合当地地名主管部门、专家和群众的介绍，项目组在研究分析的基础上，对秦皇岛建成区存量道路地名提出以下优化提升建议。

（一）优化多段道路名称

秦皇岛经济技术开发区（西区）南北走向道路多以山脉命名，东西走向道路多以江河命名；开发区（东区）南北走向道路多以省份命名，东西走向道路多以城市命名。但有些分段标准不统一，如华山北路、华山中路、华山南路分别以秦皇西大街、长江道分界，而天山北路、天山南路以秦皇西大街分界，并且天山南路在长江道以南仍延续（见图17-1）。

为便于形成统一的空间和地名认知，更好地发挥地名指位作用，建议在未来开展命名时，平衡考虑借以命名的山脉、河流或省份、城市的大小规模和相对空间地理位置，结合道路现有分段情况，逐步统一分段标准，使公众通过已有的地理常识来增进对道路空间分布的整体认知。

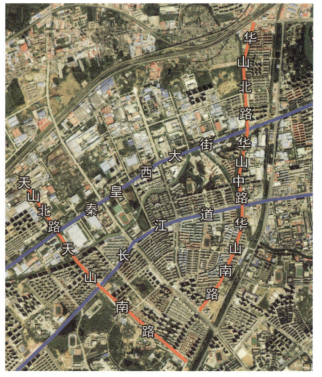

图 17-1　华山路、天山路地名分段对比

（二）完善道路分段命名方式

秦皇岛建成区部分道路采取分段命名的方式，但具体方式不同，包括以下三种：

第一种是"专名＋方位词＋通名"，如海港区的秦皇东大街和秦皇西大街（见图 17-2）。

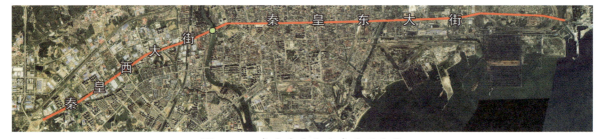

图 17-2　秦皇东大街和秦皇西大街

第二种是"专名＋通名＋方位词"，如海港区的河北大街西段、河北大街中段、河北大街东段（见图 17-3）。

第三种是"方位词＋专名＋通名"，如北戴河区的西海滩路、中海滩路、东海滩路（见图17-4，注意西海滩路和中海滩路由西经路相连）。

图 17-3　河北大街西段、中段和东段

图 17-4　西海滩路、中海滩路和东海滩路

　　道路分段命名对城市空间塑造具有重要作用，应结合城乡规划和城市发展做好规划，减少更名带来的社会成本。如 2010 年 6 月，秦皇岛将港城大街、黄河道等名称统一更名为秦皇大街，并以汤河为界，分别命名为秦皇东大街、秦皇西大街。据秦皇岛市委研究室提交的调研报告，此次更名成本近亿元，且仍有部分更名涉及的其他业务变更手续没有办理完成。

　　道路频繁分段命名是城市空间不断拓展的结果。公众对于这种"频繁"的心理感受是随着交通工具变化和对空间主观认知发生变化而产生的。频繁分段命名会在大尺度环境下描述道路走向时造成困难，同时使人感觉城市空间碎片化，有些时候需要一个统称来指代一条比较长的道路。如果没有官方统称，一般会产生一个约定俗成的统称。约定俗成的统称有两种类型：

　　一是"以小代大"。以一条道路中某一段的名称代指整条道路，如北京的"平安大街"。地安门以西原有一条东西走向的平安里西大街，东端为平安里路口，西端为官园桥。1999 年 8 月，平安大街竣工，东端延至东四十条桥，而组成平安大街的各条道路原名不变，平安大街一名只是为表述方便而命名（见图17-5）。

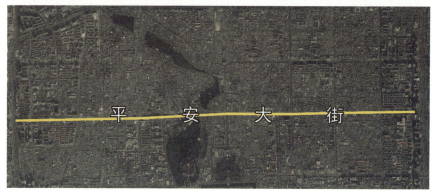

图17-5　平安里西大街与平安大街走向

　　二是"无中生有"。即一条多段道路以其总体特点作为统称，如北京的"两广路"。原本并不存在一条这样命名的道路，后来人们将连接广渠门、广安门东西走向的大道统称为两广路（见图17-6）。

图17-6　两广路走向

　　除了约定俗成的统称外，还有官方统称，如成都的"新华大道"。这条道路由沙湾路、马家花园路等多条道路组成。为便于应用，同时保留原有路名，这些道路在保持原名不变的前提下被统称为新华大道，在进行大尺度描述时使用统称，具体使用时仍用各道路原名。原有交通标志和沿街门牌不变，只在十字路口重要节点增加新华大道的标识，社会成本较低（见图17-7、图17-8）。

图17-7 江汉路上的地名标志

图17-8 江汉路上某单位的门牌

在未来规划地名与城市空间时，应充分考虑不同尺度对地名的需要。对于存量分段命名的道路，可结合实际情况，参考以上方式进行处理，也可考虑使用数字或方位词分段命名。

（三）提升地名辨识度

1. 优化系列道路地名

秦皇岛建成区部分道路在局部空间上形成集聚，地名专名由两个字组成，其中第一个字固定，表示这些道路的共性，第二个字各有不同，以区分各条道路，形成"系列道路地名"。如海港区秦皇小区内的秦祥街、秦川街（见图17-9），以及山海关区政府附近的正合街、正安街（见图17-10）等。这些地名一般是人为规划的结果。

图17-9 "秦"字头系列道路

图17-10 "正"字头系列道路

从大尺度空间看，这种命名方式的区域性、指位性较强，但从小尺度空间看，这类地名个体间差异性、实用性较弱，由于专名第二个字排列无规律，造成具体指位模糊。如"正×街"与山海关区政府在空间上联系紧密，便于定位，但此区域内其他单位的空间位置很难被立即确定。

在规划地名与城市空间时，对于系列道路地名，可考虑使用显性或隐性的命名方式。显性命名方式主要是数字命名，如北戴河区的保一路、保二路、安一路、安二路等；隐性命名方式主要采用有一定规律的词汇命名。例如，20世纪80年代，耀华街道办事处附近命名的耀富路、耀国路、耀强路、耀民路是地名第一个字固定，第二个字使用隐性序列"富国强民"。这样做既保证了地名的区域性、指位性，同时体现出地名规划的规律性、文化性，便于人们识记和使用。

2. 优化相近或相同地名

秦皇岛还有个别容易混淆的地名，如海港区的河滨路、滨河路和海滨路，海港区的宁海大道、北戴河区的海宁路和北戴河新区的宁海道，海港区的光明路和北戴河区的光明路等。在一定空间范围内，地名相近或相同易造成指位错误。

在城市建设过程中，对新建、拟建道路进行命名时，应上报上级地名主管部门，避免市域内出现道路名称相近或重名的现象。现有问题可在今后工作中通过增加限定词等技术手段逐步修正。

（四）规范地名命名

1. 地名通名

秦皇岛目前形成了大道、大街、街、道、胡同为等级的道路通名。道路通名以"路"为主，"道""胡同"数量较少，海港区基本遵循"东西为街、南北为路"的通名命名原则，山海关区部分道路遵循此原则，北戴河区则不遵循。"大街""大道"类通名使用基本符合道路等级。

在今后进行道路地名规划时，应参照已经形成的通名等级进行命名，使之与道路等级相适应。严格限制"大街""大道"类通名的使用范围和数量，保护和适当使用有地域文化特点的"道"这一通名。

2. 避免使用工程项目名称

随着经济社会发展，秦皇岛建成区范围逐渐扩大，出现大量新建道路。部分道路在规划、建设时并未命名标准地名，建成后继续使用工程项目名称，如北戴河新区的抚南连接线。

在今后的城市建设过程中，对于拟建、新建道路，应由各区县地名主管部门统一规范拟命名程序，统筹开展地名命名、更名工作，并向社会公布和推广，相关业务部门要使用公布的标准地名。

3. 干线公路名称

伴随秦皇岛建成区向外拓展，一些国道、省道等干线公路的部分路段被纳入到城市街路巷使用和管理中。但这部分道路有些并未单独命名，存在 102 国道、205 国道、205 国道北戴河段、京哈高速公路北戴河连接线、267 省道等名称，与一般道路名称夹杂使用，存在着道路节点不明确、分段不清、使用不便等问题。地名主管部门可在后续工作中逐步完善修正，根据实际需要单独命名，并向社会推广使用。

4. 方位类地名

道路地名中仅以方位词作为核心命名采词的，其名称会随着城市格局发展变得不完全合适，如海港区的东环路、西环路、北环路，还有跨海港区和北戴河区的西部快速路。这些以方位词作为核心命名的道路，表现的是当时城区与道路的位置特征。随着城市向外拓展，海港区与西北部的开发区已经连成一片，东环路、西环路、北环路这种名称的方位特征已经"名不副实"。在今后进行地名规划时，可以选择更为丰富的地名采词，避免单纯使用方位词作为唯一采词。

5. 避免使用"洋地名"

近年来，出于宣传的需要，有的地方使用了与当地地域文化相背离的地名。秦皇岛也有此类地名，如北戴河新区的夏威夷大道、金达莱路等"洋地名"，与地域文化特点不符，不利于地名文化表达。地名主管部门应加强地名命名论证，禁止使用不合理的"洋地名"。

（五）增强地名的指位功能

指位是地名的基本功能。在进行地名规划时，新地名应尽量反映指代的地理实体特点，实现"闻其名—明其位—通其地"。在利用原有地名派生道路名称时，要注意原有地名和派生地名的空间关系。

地名与指位的关系可分为三种：一是"沿路可达"，如山海关区的老龙头路直接连接老龙头景区（见图 17-11）；二是"沿路可近"，如北戴河区的鹰角路，在道路修建初期可以直达鹰角亭，后期由于规划建设道路北段被占用改造，目前并未与鹰角亭直接连接，但可沿此道路定位（见图 17-12）；三是"沿路可寻"。今后的地名规划中，应综合考虑多种因素，增强地名的指位性和资源导入功能，进一步发挥地名在指位中的作用。

图 17-11　沿路可达空间位置关系

图 17-12　沿路可近空间位置关系

　　开发区东区道路地名以政区名称作为专名，应使道路空间位置与专名指代政区的空间位置相对应，以增强地名指向性。开发区地名主管部门在进行地名规划时，应对不符合此原则的道路地名进行修正。如：贵州位于江苏以西，则贵州道应位于江苏路西侧，而贵州道的实际位置在江苏路东侧。

图 17-13　江苏路和贵州道的空间位置关系

二、做好城市标识系统设计

　　城市标识系统是一个城市与外界交流的重要窗口。设计优秀的城市标识，能够体现当地政府的服务水平，提升城市形象，从而吸引外界资源的汇入，促进经济社会更好更快地发展。项目组建议，在设计过程中，严格按照《地名 标志》（GB 17733-2008）和《地名 标志设置规范 居民地和行政区域》（MZ/T 054-2014）、《道路交通标志和标线 第2部分：道路交通标志》（GB 5768.2-2009）、《城市道路交通标志和标线设置规范》（GB 51038-2015）、《标志用公共信息图形符号 第2部分：旅游休闲符号》（GB/T 10001.2-2006）等标准执行。结合国家标准，国家、省级规范要求和本地管理办法，制定交通标志、旅游标志和地名标志制作、设置地方标准，从技术层面明确设置位置、设置数量、标志相互关系的指标，进一步提升城市标识管理水平。

图 17-14　相关国家标准和行业标准

　　对于起导向作用的标志，同一空间同一类标识设计风格保持一致，力求做到内容简明，辨识度高；不同类别标识则各具特色，内容互补性强。在今后的工作中，主管部门对城市标识设置密度高、管理混乱、内容杂糅的地区进行优化整合，统筹管理，避免资源浪费、使用不便。对于路况较简单、车速较低、相邻距离较近的路口，在尊重国标、行标的同时，可结合实际，将标识信息适当整合，节约社会成本。

图 17-15　信息整合类标识示例

三、尽快完善门牌号码编制

北戴河区部分建筑门牌号码缺失，不利于社会使用，不利于应急突发事件的处理，不利于公安、消防、卫生、邮政等公共事业的开展。北戴河区应积极学习其他城市的先进经验，结合本区城市规划、地名规划与城市标识系统设计标准，在符合城市发展定位的基础上，科学布局，统一实施，组织相关部门尽快完善全区建筑物门牌号码的编制工作。

关于印发《长沙市门牌编码管理实施细则》的通知

长民发〔2014〕36号

各区、县（市）民政局：

为加强我市门牌统一管理，使门牌编码科学化、管理规范化、规格标准化，方便群众、好找好记，根据国务院《地名管理条例》和《长沙市地名管理办法》规定，特制订《长沙市门牌编码管理实施细则》，现印发你们，请认真遵照执行。

长沙市民政局

2014年12月17日

长沙市门牌编码管理实施细则

第一条 为加强长沙市门牌统一管理，使门牌编码科学化、管理规范化、规格标准化，方便群众、好找好记，根据国务院《地名管理条例》和《长沙市地名管理办法》规定，特制定本实施细则。

第二条 长沙市地名委员会（简称市地名委）是长沙市地名标志的主管部门，对本市行政区域内的门牌实施统一管理。

长沙市地名委员会办公室（简称市地名办）负责门牌的审批、编码、设计、制作、安装、建档、咨询服务和协调与门牌有关的各项事宜。

住建、公安、工商、质检、邮政等门牌使用部门应按照各自职责，协助地名主管部门共同做好门牌的管理工作。

图17-16 长沙市门牌编码管理实施细则

四、加大标准地名发布力度

地名工作的主线和目标是实现地名标准化。标准地名只有通过多种渠道向社会发布，才能发挥作用。标准地名的发布，从发布时间上来看，可分为定期发布和不定期发布；从发布渠道来看，可采取官方文件，或电视、报纸等传统媒体，或微博、微信等新媒体；从发布内容来看，既可以是重要地名，也可以是新增地名；从发布机构来看，可根据地名的重要程度决定以市地名委员会（或其办公室），或以区县地名委员会的名义发布。总之，一是要保证发布机构的权威性，二是要保证发布渠道的畅通性，从而确保发布效果的有效性。

广州市民政局地名公告（第476期）

下列地名业经广州市人民政府批准，现予公告：　　查询地名、出行问路请拨打 960166

标准名称	地点	申报单位
增涌隔海西街	起点：龙溪中路；止点：增涌安东大街	广州市荔湾区国土资源和规划局
增涌隔海东街	起点：龙溪路；止点：增涌安东大街	广州市荔湾区国土资源和规划局
增涌安东街	起点：龙溪中路；止点：新龙溪路	广州市荔湾区国土资源和规划局
增涌隔海西街一巷	起点：增涌隔海西街；止点：巷尾	广州市荔湾区国土资源和规划局
增涌隔海西街二巷	起点：增涌隔海西街；止点：增涌东约横街三巷	广州市荔湾区国土资源和规划局
增涌东约横街	起点：增涌隔海西街；止点："增涌南约大街九巷"	广州市荔湾区国土资源和规划局
增涌东约横街一巷	起点：增涌东约横街；止点：增涌隔海西街二巷	广州市荔湾区国土资源和规划局
增涌东约横街二巷	起点：增涌东约横街；止点：增涌隔海西街二巷	广州市荔湾区国土资源和规划局

淄博发布了一批标准地名公告 涉及8个小区

2018-07-16 18:40　淄博大众网

大众网淄博7月16日讯（记者 许炳棋）7月16日，淄博发布了一批标准地名公告，其中涉及到金顺花苑、环齐大厦、绿洲花园、乾宏大厦、积家玺苑、明博新城、和谐居小区以及政园小区。

图17-17 不同形式的标准地名公布渠道

五、编制地名规划

为确保秦皇岛地名管理在技术层面上实现科学化、制度化，地名主管部门应结合秦皇岛城乡建设规划，统一协调，开展地名规划研究，编制符合城市发展定位的《秦皇岛市地名规划》。

编制地名规划时，需要充分利用城乡规划并与其同步。地名规划在地域范围和内部安排上要与城乡规划的范围和空间布局保持一致，在地名命名设计上要根据城乡规划对城市属性定位和功能区的划分进行分类和分级。只有实现地名规划与城市规划同步，才能控制城市地名产生的主流，更好地发挥地名规划的价值和作用。

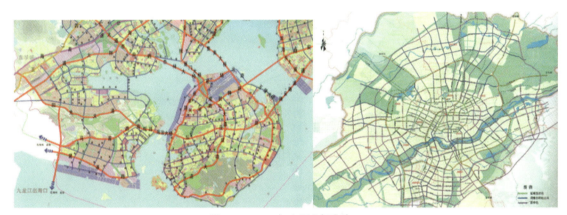

图 17-18　地名规划图件

具体操作上，可以划分近期、中期、远期目标，分步骤、有秩序地进行。从建立地名管理长效机制，到地名清理、调整，最后达到各类地名全面实现层次化、系列化，形成地名区块结构布局有序、地名特点清晰、文化内涵丰富、城市定位相适应的地名网络。不断提高地名规划的合理性、科学性，增强地名对城市空间的塑造和表达作用，提高城市地名的规范化，以及城市地名布局对城市发展的适应性，使地名更好地服务于政府行政管理、城市建设和居民的日常生活。